그림으로 즐기는
프랑스어
일상표현

그림으로 즐기는 프랑스어 일상표현

지은이 Mami Kobayashi(글), Yuko Yoshioka(그림)
펴낸이 정규도
펴낸곳 (주)다락원

초판 1쇄 발행 2017년 9월 29일
초판 3쇄 발행 2023년 4월 3일

책임편집 권경현, 장의연
디자인 조수영
전산편집 조수영

[대]다락원 경기도 파주시 문발로 211
내용문의: (02)736-2031 내선 523
구입문의: (02)736-2031 내선 250~252 / 팩스 02-732-2037
출판등록 1977년 9월 16일 제406-2008-000007호

저자 및 출판사의 허락 없이 이 책의 일부 또는 전부를 무단 복제·전재·
발췌할 수 없습니다. 구입 후 철회는 회사 내규에 부합하는 경우에 가능
하므로 구입 문의처에 문의하시기 바랍니다. 분실·파손 등에 따른 소비
자 피해에 대해서는 공정거래위원회에서 고시한 소비자 분쟁 해결 기준
에 따라 보상 가능합니다. 잘못된 책은 바꿔 드립니다.

값 13,000원

ISBN 978-89-277-0089-0 18760

E de Tanoshimu France go [Kaiwa Fure-zu]
©Mami Kobayashi / Yuko Yoshioka 2016
First published in Japan 2016 by Gakken Plus Co., Ltd., Tokyo
Korean translation rights arranged with Gakken Plus Co., Ltd.
through Imprima Korea Agency
이 책의 한국어판 저작권은 Imprima Korea Agency를 통한 Gakken Plus
Co., Ltd.와의 독점 계약으로 다락원에 있습니다. 저작권법에 의해 한국 내에
서 보호를 받는 저작물이므로 무단전재와 무단 복제를 금합니다.

http://www.darakwon.co.kr
다락원 홈페이지를 방문하시면 상세한 출판 정보와 함께 동영상강좌,
MP3자료 등 다양한 어학 정보를 얻으실 수 있습니다.

그림으로 즐기는
프랑스어
일상표현

글 · Mami Kobayashi
그림 · Yuko Yoshioka

차례

8 프랑스어 기초 문법

043 다시 묻기
044 쓰지 않는 게 좋은 표현

Part 1
매일 쓰는 말
Les mots de tous les jours

018 기본 인사
019 안부 묻기
020 안부 인사에 대답하기
021 부르는 호칭
022 부르는 말
023 헤어지는 인사
024 만남 기약하기
025 친한 사이에 헤어지는 인사말
026 헤어질 때 인사
027 감사의 말
028 감사에 답하기
029 감탄사 1
030 감탄사 2
031 부탁
032 칭찬하기 1
033 칭찬하기 2
034 칭찬에 답하기
035 놀람 표현
036 모를 때
037 화날 때
038 짜증날 때
039 맞장구
040 대답하기
041 아쉬움 표현하기
042 사과하기

Part 2
교통과 편의시설
Profitez de Paris!

046 카페에서 주문하기
047 방향 물어보기
048 장소 물어보기
049 길 알려주기
050 택시 타기
051 지하철 표 사기
052 지하철 타러 가기
053 지하철 타기
054 버스 타기
055 기차 타기
056 우체국 이용하기
057 미용실 이용하기
058 에스테틱샵 이용하기
059 키오스크 이용하기

Part 3
파리의 일상
Faciliter son quotidien

- 062 사는 곳
- 063 일상 생활
- 064 직업
- 065 숫자
- 066 시간 물어보기
- 067 시간 말하기
- 068 날짜 물어보기
- 069 날씨 말하기 1
- 070 날씨 말하기 2
- 071 전화하기 1
- 072 전화하기 2
- 073 병원·약국
- 074 상태 말하기
- 075 건강 표현하기
- 076 특별한 날

Part 4
쇼핑하기
Faire ses courses

- 078 지불하기 1
- 079 지불하기 2
- 080 옷 사기 1
- 081 옷 사기 2
- 082 옷 사기 3
- 083 옷 사기 4
- 084 소품 가게 둘러보기
- 085 보석 가게 둘러보기
- 086 신발 가게 둘러보기
- 087 꽃 사기
- 088 화장품 가게 둘러보기
- 089 서점 둘러보기
- 090 슈퍼마켓에서 장보기
- 091 반품하기
- 092 벼룩시장 둘러보기
- 093 벼룩시장에서 흥정하기

Part 5
미식가의 천국
Restez gourmand!

- 096 예약하기
- 097 자리에 앉기
- 098 메뉴 보기
- 099 메뉴 읽기
- 100 주문하기

101	요청하기
102	추가 요청하기
103	와인 주문하기
104	평가하기
105	디저트와 커피
106	계산하기
107	바게트 사기
108	빵집에서
109	과자점에서
110	초콜릿 가게에서
111	시장에서 과일 사기
112	시장에 장보기
113	정육점에서
114	생선 가게에서

Part 6
문화와 레저 생활
Évadez-vous!

116	영화 보러 가기
117	영화관 매표소
118	영화 호평하기
119	영화 혹평하기
120	미술관 가기
121	전람회 가기
122	극장 가기
123	여행사 이용하기
124	호텔 찾기
125	호텔에 문의하기
126	호텔에서 문제 해결하기
127	호텔에 짐 맡기기
128	자동차 빌리기
129	드라이브 하기

Part 7
친구 사귀기
Se faire des amis en France

132	친구 소개
133	소개 인사말
134	연락처 교환
135	저녁 외출
136	식사 제안
137	제안 수락
138	집으로 초대하기
139	초대하는 말
140	손님 응대
141	친구 집 방문
142	식사하기
143	식사 대화
144	모임을 마칠 때
145	선물 전달
146	재회
147	추억하기
148	도와주기
149	작별 인사

Part 8
대화와 토론
Parler au quotidien

- 152 의견 말하기 1
- 153 의견 말하기 2
- 154 확신 표현
- 155 낙담 표현
- 156 대화 요청하기
- 157 마무리하기
- 158 변명하기 1
- 159 변명하기 2
- 160 명령형으로 말하기
- 161 탄식하는 말
- 162 이해한다고 말하기
- 163 격려하기
- 164 달래기
- 165 위로하기
- 166 조용히 시키기
- 167 거절하기
- 168 무심하게 말하기
- 169 싫다고 표현하기
- 170 사람의 특징 말하기
- 171 사람의 성격 말하기

Part 9
사랑의 언어
Tombez amoureux!

- 174 사랑에 빠질 때 하는 말
- 175 연인으로 발전할 때 하는 말
- 176 연인에게 하는 말
- 177 연인에게 칭찬하는 말
- 178 사랑의 애칭
- 179 사랑의 종류

Part 10
프랑스 사람처럼 말하기
Voilà vous êtes français!

- 182 추임새
- 183 짧은 대답
- 184 허물없는 표현
- 185 은어
- 186 줄임말
- 187 베를랑
- 188 상표
- 189 문자 용어
- 190 의태어
- 191 동물 소리
- 192 유아어(아이들에게 하는 말)
- 193 유아어(아이들이 하는 말)
- 194 예절 교육
- 195 어른들의 유아어

- 196 **함께 보면 도움이 되는 단어 리스트**

이것만 알면 읽을 수 있다!

프랑스어 기초 문법

프랑스어가 처음인 분도 여기 나오는 문법만 익히면 프랑스어를 시작할 수 있습니다.

프랑스어의 abc

Aa 아	Bb 베	Cc 쎄	Dd 데	Ee 으	Ff 에프
Gg 제	Hh 아슈	Ii 이	Jj 쥐	Kk 까	Ll 엘
Mm 엠	Nn 엔	Oo 오	Pp 뻬	Qq 뀌	Rr 에-흐
Ss 에쓰	Tt 떼	Uu 위	Vv 베	Ww 두블르베	Xx 익쓰
Yy 이그헥	Zz 제드				

모두 26개의 알파벳이 있으며, 그밖에 액센트 부호로 악썽떼귀(´), 악썽그하브(`), 악썽씨흐꽁플렉쓰(ˆ)나 트헤마(¨)가 붙은 글자, 쎄디으(ç), 붙어 있는 글자(œ)가 사용됩니다.

명사

프랑스어의 명사는 남성과 여성으로 나뉩니다. 예를 들면 '카페'는 남성명사, '바게트'는 여성명사입니다. 성별이 정해진 데는 특별한 이유나 규칙이 없어서 각 단어를 외울 때 함께 외우는 것이 좋습니다. 그리고 명사를 복수로 쓸 때는 단어 끝에 s를 붙이는 것이 기본 규칙입니다. 하지만 프랑스어에서는 마지막 자음을 발음하지 않는 경우가 많아서 발음으로는 구별하기가 어렵습니다. 대신, 뒤에 소개할 관사를 근거로 명사의 단·복수를 판단할 수 있습니다.

café 카페 = 남성명사 (m)
baguette 바게트 = 여성명사 (f)
cigarette 담배 = 여성명사 (f), 발음 [씨갸헤뜨]
  └ 복수형일 때는 cigarettes, 발음 [씨갸헤뜨]

> **Tip** 남성명사, 여성명사를 잘못 알고 써도 의미는 통하지만 자연스럽지 않습니다. 새로운 단어를 외울 때는 관사를 함께 외우는 것이 좋습니다.

형용사

영어는 형용사를 명사 앞에 쓰지만, 프랑스어는 기본적으로 명사 뒤에 형용사를 씁니다. 또 명사의 성과 수에 따라 형용사도 변하는데요, 예를 들어 여성명사는 어미에 'e'가, 명사가 복수인 경우는 's'가 붙는 변화가 일어납니다.

Un pull gris 회색 스웨터
  │   └→ 남성형
  └→ 남성명사

Une veste grise 회색 재킷
  │   └→ 여성형
  └→ 여성명사

Trois vestes grises 세 장의 회색 재킷
  │   └→ 여성복수형
  └→ 여성복수명사

명사 vestes가 여성형이기 때문에 e, 복수형이기 때문에 s가 붙습니다.

> **Tip** '큰' grand(e), '작은' petit(e), '나쁜' mauvais(e), '좋은' bon(ne) 등 예외적으로 명사 앞에 놓는 형용사도 있습니다.(주로 일상에서 자주 사용되고 철자가 짧은 형용사입니다.)
>
> **Un grand sac** 큰 가방
>   │   └→ 남성명사
>   └→ 남성형
>
> **Une jolie jupe** 예쁜 치마
>   │   └→ 여성명사
>   └→ 여성형

관사

관사는 정관사, 부정관사, 부분관사가 있습니다. 정관사(영어의 the)는 특정한 것이나 이미 알고 있는 것에 사용하며, 부정관사(영어의 a)는 불특정한 것이나 이야기 속에 처음 등장하는 것에 사용합니다. 관사 역시 명사처럼 남성형이냐 여성형이냐, 단수냐 복수냐에 따라서 변합니다. 그리고 '물'이나 '행운' 같이 셀 수 없는 명사에는 부분관사를 사용합니다. 아래 표를 참고하세요.

[정관사와 부정관사]

	단수(남성)	단수(여성)	복수
정관사	le	la	les
부정관사	un	une	des

le café (이미 알고 있는, 특정한) 커피
└→ 남성명사

la baguette (이미 알고 있는, 특정한) 바게트
└→ 여성명사

les cigarettes (이미 알고 있는, 특정한) 담배
└→ 복수명사

un café (한 잔의) 커피
└→ 남성명사

une baguette (한 개의) 바게트
└→ 여성명사

des cigarettes (몇 개피의) 담배 (복수)
└→ 복수명사

[부분관사]

	남성형	여성형
부분관사	du	de la

du café (액체인) 커피
└→ 남성명사

de la viande (덩어리인) 고기
└→ 여성명사

> **Tip** 나라 이름, 지명, 건물 이름 같은 고유명사는 정관사를 사용합니다. 예를 들어 '루브르 미술관'은 le musée du Louvre, '프랑스'는 la France, '리옹 역'은 la Gare de Lyon입니다. 또 정관사 le와 la 뒤에 모음이나 h로 시작되는 단어가 올 때는 l'로 바뀝니다.
>
> le+모음으로 시작되는 명사 → **l'église** 교회
> le+h로 시작되는 명사 → **l'hôtel** 호텔

전치사

프랑스어의 주요 전치사입니다. 괄호 안의 영어 전치사를 참고하면 이해하기 쉽습니다.

> **Tip** 전치사 à 뒤에 정관사 le가 오면 au로, les가 오면 aux로 바뀝니다.
> 전치사 de의 경우에도 de+le는 du로, de+les는 des로 바뀌는 축약이 일어납니다.
>
> 카페에 갑니다.   **Je vais <u>à le</u> café.** (×) → **Je vais au café.** (O)
> 멕시코에서 왔습니다. **Je viens <u>de le</u> Mexique.** (×) → **Je viens du Mexique.** (O)

전치사	뜻	예문
à (at, to, in)	~에, ~쪽으로	Je vais à l'église. 교회에 갑니다.
de (from)	~에서, ~의	Je viens du Japon. 일본에서 왔습니다.
en (in, to)	~에, ~에서	Je suis en Provence. 프로방스에 있습니다.
avec (with)	~와 함께	avec elle 그녀와 함께
sans (without)	~없이	sans réservation 예약 없이
pour (for)	~을 위해, ~동안	pour les parents 부모님을 위해
par (by)	~에 의해, ~을 통해	par la tour Eiffel 에펠탑을 지나
dans (in, into)	~속에	dans le sac 가방 속에
avant (before)	~의 앞	avant le déjeuner 점심 전
après (after)	~의 뒤	après le coucher du soleil 일몰 후
jusqu'à (till, until)	~까지	jusqu'à sept heures 7시까지
depuis (since)	~이래	depuis les jeux Olympiques 올림픽 이래
sur (on)	~위에	sur la table 테이블 위에
sous (below)	~아래에	sous le bureau 책상 밑에
vers (towards, about)	~쪽으로, ~정도로	vers le Sud 남쪽으로
devant (in front of)	~앞에, ~앞에서	devant l'hôtel 호텔 앞에
derrière (behind)	~뒤에, ~뒤에서	derrière la porte 문 뒤에

주어와 동사

[주어] 인칭대명사

인칭대명사의 구분은 영어와 비슷해서 기억하기 쉽습니다. 주의해야 할 것은 2인칭의 tu와 vous의 구분입니다. 비슷한 또래의 지인이나 친구 처럼 친한 사람에게는 tu를, 윗사람이나 처음 보는 사람에게는 vous를 사용합니다.

	1인칭	2인칭	3인칭
단수	나는 **je**	너는 (당신은) **tu (vous)**	그/그녀는 **il/elle**
복수	우리들은 **nous**	너희들은 (당신들은) **vous**	그/그녀들은 **ils/elles**

[동사]

동사는 주어에 따라 변하는데, 그 활용이 복잡해서 프랑스어를 잘하기 위해서는 하나씩 외워야 합니다. 이때 동사만 외우는 것보다 주어를 포함한 문장 전체를 외우면 좀 더 쉽게 기억할 수 있습니다. 예로 기본적인 세 가지 변형을 알아봅시다.

주어＼동사	être 이다	avoir 가지다, 들다	aimer 사랑하다
je (j')	suis	ai	aime
tu	es	as	aimes
il/elle	est	a	aime
nous	sommes	avons	aimons
vous	êtes	avez	aimez
ils/elles	sont	ont	aiment

의문문

프랑스어에서 의문문을 만드는 방법은 세 가지입니다. 가장 간단한 것은 문장의 어미를 올려서 발음하는 방법, 두 번째는 문장 첫머리에 'Est-ce que'를 붙이는 방법, 그리고 주어와 동사의 순서를 바꾸는 방법입니다. '프랑스 사람입니까?'를 세 가지 방법으로 바꿔 봅시다.

❶ 어미를 올려 발음한다.
   Vous êtes Français(e)? ↗

❷ Est-ce que를 문장 앞에 놓는다.
   Est-ce que vous êtes Français(e)?

❸ 주어와 동사의 위치를 바꾼다.
   Êtes-vous Français(e)?

부정문

동사를 ne와 pas 사이에 넣어서 부정문을 만듭니다. 영어처럼 생각하면 ne를 강하게 의식하지만, 중요한 것은 pas입니다. pas를 분명하게 발음하세요. 참고로 ne와 pas 사이에 들어가는 동사가 모음과 h로 시작할 때는 ne를 n'로 표기합니다.

Je suis Français(e).
나는 프랑스 사람입니다.

Je ne suis pas Français(e).
나는 프랑스 사람이 아닙니다.

'이', '그', '저'는 어떻게 구분할까요?

프랑스어의 지시형용사는 우리말의 '이', '그', '저', 영어의 this, that과 같이 대상에 따라 다르지 않습니다. 대신 대상이 되는 명사의 성과 단수인지 복수인지에 따라 ce·cette/ces를 사용합니다. 또 모음과 h로 시작되는 남성명사에 붙을 때는 아래와 같이 cet로 바뀝니다.

	이, 그	이것들, 그것들
지시형용사	남성: **ce (cet)** / 여성: **cette**	남성·여성: **ces**

[남성명사 단수]
ce billet 이(그) 표

[h로 시작하는 남성명사 단수]
cet hôtel 이(그) 호텔

[여성명사 단수]
cette veste 이(그) 재킷

[복수]
ces billets 이(그) 표들

Part 1

매일 쓰는 말
Les mots de tous les jours

파리의 하루는 다양한 인사와
상냥한 말들로 넘쳐납니다.

기본 인사
01-01

안녕하세요!
Bonjour!
봉쥬흐

프랑스에서 가장 많이 사용하는 말이라고 해도 과언이 아니죠. 누군가를 만났을 때는 물론, 가게에 들어갔을 때, 택시를 탔을 때, 호텔에 들어갔을 때 언제든 편하게 쓰세요. 아침부터 저녁까지 사용합니다.

안녕하세요!
Bonsoir!
봉쓰와흐
▌저녁 이후에 쓰는 인사말이에요.

안녕!
Salut!
쌀뤼
▌친한 사람에게, 혹은 스스럼없음을 표현하고 싶을 때 쓰세요.

어이!
Coucou!
꾸꾸
▌가족이나 아주 친한 친구에게 씁니다.

여러분, 안녕하세요!
(Bonjour,) messieurs dames!
(봉쥬흐,) 메씨으 담므
▌나이가 지긋한 사람이 가게에 들어설 때 다른 손님들에게 이렇게 인사하기도 합니다. messiers dames는 '신사 숙녀 여러분'이란 뜻이에요.

안녕하세요!
Bonjour!
봉쥬흐!

엄마
maman(f)
마멍

아들
fils(m)
피쓰

[인사 한 마디로 좋은 사람 되기]
프랑스에서는 가게에 들어갈 때 주인이나 점원에게 사람에게 인사를 하는 것이 예의입니다. 가게에 들어갈 때 아무 말 없이 들어가지 말고 Bonjour! [봉쥬흐]라고 한 마디 해보세요. 점원의 태도가 달라질 거예요.

안부 묻기

어때?
Ça va?
싸 바

아는 사람을 만나면 '안녕!' 하고 인사한 다음 ' 잘 지내, 어때?'라는 의미로 Ça va? 라고 상대방의 안부를 물으세요. 이렇게 묻는 게 큰 의미는 없지만 예의 바른 태도입니다. 여기에 '컨디션은 좀 어때?'하고 눈을 마주치며 묻는 것이 프랑스 사람들의 일상적인 인사법입니다. 친한 관계(친구, 가족 등)나 스스럼없는 동료, 또는 아이에게는 tu [뛰]를 사용합니다. 잘 모르는 사람, 회사 상사 등 거리를 유지하는 사람에게는 vous [부]를 쓰세요.

잘 지내?
Tu vas bien?
뛰 바 비엥

잘 지내요?
Vous allez bien?
부 잘레 비엥

어떻게 지내?
Comment ça va?
꼬멍 싸 바

요즘 어때?
Quoi de neuf ?
끄와 드 뇌프

잘 지내?
Ça va?
싸 바

잘 지내!
Très bien!
트헤 비엥

친구
ami(es)
아미

포석
pavé(m)
빠베

안부 인사에 대답하기

잘 지내!
Ça va!
싸 바

상대방이 '잘 지내?', '어때?'라는 의미로 Ça va? [싸 바]고 물으면 일반적으로 Ça va!(잘 지내!)라고 답하는데요, 자신의 실제 상황과 상관없는 고정적인 표현입니다. 물론 친한 사이에서는 '안 좋아'라고 답하면, 이어서 '무슨 일인데?'라는 대화가 시작될 수도 있지요. 그러나 일상 대화에서는 Ça va!(잘 지내!)라고만 답하는 것이 일반적입니다.

아주 잘 지내. 고마워!
Très bien, merci!
트헤 비엥, 멕씨

그렇게 잘 지내지는 못해.
Pas très bien…
빠 트헤 비엥

음….
Bof…
보프

무슨 일이야?
Qu'est-ce qu'il y a?
께-스 낄 리 아

무슨 일이야?
Qu'est-ce qu'il y a?
께-스 낄 리 아

음….
Bof…
보프

파라솔
parasol(m)
빠하쏠

커피
café(m)
까페

신문
journal(m)
쥬흐날

의자
chaise(f)
쉐즈

부르는 호칭

남성을 부를 때
Monsieur!
므씨으

프랑스에서 성인 남성을 부르거나 그에게 말을 걸 때 쓸 수 있는 한 마디가 바로 '무슈!'입니다. 카페에서 웨이터를 부를 때나 남성에게 할 이야기가 있을 때, 손수건을 떨어뜨리고 지나가는 아저씨의 주의를 환기시키는 데까지 폭넓게 쓸 수 있습니다. 또는 '무슈 김' 같이 '~씨'라는 정중한 뉘앙스를 추가하는 느낌으로도 사용해도 좋습니다.

여성을 부를 때
Madame.
마담(므)

■ 기혼 여성에게 쓰는 표현으로, 기혼인지 미혼인지 알 수 없을 때에도 '마담'이라고 하는 것이 더 존경심을 담은 표현이고 쓰기 무난합니다.

젊은 여성을 부를 때
Mademoiselle.
맏므와젤(르)

■ 미혼 여성에게 쓰는 표현입니다. 나이든 여성에게도 '젊으시네요'라는 뉘앙스를 전달하며 추켜세우기 위해 쓸 수도 있지요. 단, 지나치면 비아냥거리는 것처럼 보일 수 있으므로 주의하세요.

무엇을 드릴까요?
Vous désirez?
부 데지헤

저기요.
Monsieur!
므씨으

웨이터
garçon(m)
가흐쏭

테이블
table(f)
따블르

[마담? 마드모아젤?]
'마담'이라고 부르면 호칭에 발끈해서 '마드모아젤!'('결혼 안 했다고요!'라는 뉘앙스)이라고 정정해주는 사람도 있고, 결혼하지 않았어도 '마담 ○○○입니다'라고 자신을 소개하는 사람도 있습니다.

부르는 말
🔊 01-03

계세요?
Y'a-t-il quelqu'un?
이야–띨 껠깡

가게의 계산대 앞이나 박물관의 접수처에 아무도 없을 때, 화장실에서 안에 누가 있는지 모를 때, 큰 소리로 이렇게 말해보세요. 보통 눈앞에 보이는 점원에게 말을 걸 때는 S'il vous plaît! [씰 부 쁠레] (실례합니다), Bonjour! [봉쥬흐] (안녕하세요!) 하고 부릅니다.

[화장실에서 노크하지 마세요]
프랑스에서는 화장실 안에 사람이 있는지 확인할 때 문을 노크하지 않습니다. 그래서 노크를 해도 답변으로 노크를 해주지 않지요. 화장실 안에 있을 때 누군가가 문을 열려고 하면, Il y a quelqu'un! [일 리 아 껠깡] '사람 있어요'라고 말하세요.

잠깐, 실례합니다!
Excusez-moi!
엑쓰뀌제–므와

선생님, 실례합니다!
Monsieur, s'il vous plaît!
므씨으, 씰 부 쁠레

저기요!
Hou, hou!
우, 우
▌'여기 좀 보세요!'하는 느낌입니다.

이봐요!
Pst!
프스트 (거의 모음을 발음하지 않고)
▌목소리를 내지 않고 속삭이는 듯한 소리로, 주의를 환기시킬 때 쓰기도 합니다.

계세요?
Y'a-t-il quelqu'un?
이야–띨 껠깡

접수
réception(f)
헤쎕씨옹

여행 가방
valise(f)
발리즈

계단
escalier(m)
에스꺌리에

| 헤어지는 인사 |

안녕히 가세요. / 안녕히 계세요.
Au revoir.
오 흐브와흐

가게나 레스토랑에서 나올 때는 '안녕히 계세요.' 하고 인사하는 것이 예의입니다. 인사할 때 생긋 웃어준다면 완벽하지요. 상대가 잘 아는 사이라면 '내일 만나', '다시 만나'라는 뜻으로 À demain!, À bientôt!라는 표현도 사용합니다. 친한 사람이나 허물없는 사이에서는 Salut [쌀뤼], Ciao [챠오]라고 하세요.

안녕!
Salut!
쌀뤼
▌다소 반말투. 친한 사람이나 젊은 사람들끼리 쓰세요.

내일 만나!
À demain!
아 드멩

또 봐!
À bientôt!
아 비엥또

목요일에 만나!
À jeudi!
아 쥬디

[그럼 월요일에 만나!]
주말을 앞둔 금요일에는 회사 동료나 학교 친구들에게 '월요일에 봐' À lundi [아 랑디]라고 말하고 헤어집니다.

좋은 하루 보내세요!
Bonne journée!
본 쥬흐네

안녕히 계세요.
Au revoir
오 흐브와흐

재킷
veste(f)
베스뜨

아빠
papa(m)
빠빠

접객 책임자
concierge
꽁씨에흐쥬

아들
fils(m)
피쓰

만남 기약하기

01-04

나중에 봐!
À tout à l'heure!
아 뚜 딸 뢰흐

헤어질 때 아쉬운 마음을 담아서 다음에 만나자고 인사하는 표현입니다. 곧 다시 만날 때는 '이따 봐'라는 인사로 À tout de suite!, 한참 후에 만난다면 '조만간 만나!' À plus tard!라고 인사해 보세요. 한동안 만날 계획이 없더라도 '그럼, 다음에 봐!' À la prochaine!라고 인사합니다.

좀 이따 봐!
À tout de suite!
아 뚜 (드) 쒸뜨
▪ 몇 시간 후에 다시 볼 때 써요.

다음에 또 만나요!
À la prochaine!
알 라 프호쉔느

조만간 만나!
À plus tard!
아 쁠뤼 따흐
▪ 언제가 될지 모르지만 다음에 만나자는 뜻입니다.

[헤어질 때 인사는 길게]
'누구누구에게 안부 전해줘, 다음에는 뭐뭐를 하자, 전화할게, 부재 중이면 메시지 남겨 놔…' 등 헤어지기 전에 한참 동안 인사만 하는 경우도 많답니다.

봉제 인형
peluche(f)
쁠뤼슈

양초
bougie(f)
부쥐

또 만나!
À la prochaine!
알 라 프호쉔느

바구니
panier(m)
빠니에

친한 사이에 헤어지는 인사말

안녕!
Ciao!
챠오

Ciao!는 헤어질 때 편하게 쓸 수 있는 표현입니다. 원래는 이탈리아어지만 프랑스 사람들, 특히 젊은 사람들이 자주 씁니다. Ciao, Ciao!하고 두 번 연달아 말하기도 해요. 가볍게 인사하고 싶을 때 사용하세요.

[친근한 프랑스 말투]
처음 프랑스어를 사용할 때는 정중한 표현을 쓰는 것이 무난하지요. 하지만 상황에 따라서는 상대방이 너무 딱딱하다고 느껴 거북해 할 수도 있습니다. 친근감을 표현하고 싶다면 허물없는 말투로 자연스럽게 말해 보세요. 프랑스 사람들이 '그런 말도 알아?'라고 감탄하는 걸 경험하면 스스로도 말하면서 즐거워질 거예요.

바이 바이!
Ciao ciao!
챠오 챠오

또 봐!
À toute!
아 뚜뜨
▌À tout à l'heure!의 줄임말

또!
À plus!
아 쁠뤼쓰
▌À plus tard!의 줄임말

바이!
Bye!
바이-으

바이!
Ciao!
챠오

바지
pantalon(m)
빵딸롱

[바구니가 좋아!]
프랑스 사람들은 바구니를 무척 좋아합니다. 시장에 가면 꽤 낡아 보이는 바구니를 들고 장을 보는 사람들이 자주 눈에 띕니다. 무겁고 부피도 크지만 비닐 봉지보다는 바구니를 애용합니다.

헤어질 때 인사
🔊 01-05

좋은 하루 보내세요!
Bonne journée!
본 쥬흐네

이번엔 '안녕히 가세요' 뒤에 '좋은 하루 보내세요!'라는 표현을 덧붙여 보세요. 인사 한 마디로 좋은 인상을 주는 쉬운 방법입니다. 지인, 친구는 물론 가게 주인, 이웃에게 모두 사용할 수 있습니다.

[**좋은 일들이 가득하기를…**]
Bon(ne) [봉(본느)]는 '좋다'는 뜻으로, 일상 대화에서는 상대방에게 '좋은 일이 있기를 기원한다'는 표현으로 자주 씁니다. 반대로 이 말을 들었다면 Merci라고 하고 '당신도!'라는 의미로 À vous aussi [아 부 오씨], '너도!'라는 의미로 À toi aussi [아 뚜와 오씨]라고 친절하게 대답하세요.

좋은 하루 보내세요!
Bonne journée!
본 쥬흐네

나비
papillon(m)
빠삐용

부케(꽃다발)
bouquet(m)
부께

원피스
robe(f)
호브

오후 잘 보내!
Bon après-midi!
보 나프헤-미디
▌허물없는 사이나 젊은 사람들끼리는 Bon aprèm! [보 나프헴]이라고 하기도 해요.

즐거운 저녁 보내!
Bonne soirée!
본느 쓰와헤

주말 잘 보내!
Bon week-end!
봉 위-껜드
▌금요일에 헤어질 때는 꼭 쓰는 말이죠.

바캉스 잘 보내!
Bonnes vacances!
본느 바깡쓰
▌바캉스를 앞두고 헤어질 때 아주 많이 써요.

| 감사의 말 |

감사합니다!
Merci!
멕씨

프랑스 사람들이 정말 많이 쓰는 표현이죠. '좋은 하루 보내요!'라는 말을 들었을 때 Merci, 가게나 카페에서 나올 때도 Merci, 문을 잡아 주었을 때도 Merci라고 해요. 미소를 띠고 말해보세요.

[사례를 깍듯하게 하는 프랑스 사람들]
프랑스 사람들은 사과하는 일은 별로 없지만 감사의 말은 많이 합니다. 그래서 길을 양보해준 사람에게 Merci라고 하지 않으면, 등 뒤에서 '천만에요!' De rien! [드 히엥]이라고 비아냥 거리는 사람도 있습니다.

감사합니다!
Merci!
멕씨

꽃
fleur(f)
플뢰흐

식물
plante(f)
쁠렁뜨

꽃집
fleuriste
플뢰히스뜨
■ 정확하게는 chez le fleuriste [셸 르 플뢰히스뜨]가 '꽃집'인데 chez le를 생략하는 경우가 많습니다.

개
chien(m)
쉬엥

정말 감사합니다!
Merci beaucoup!
멕씨 보꾸

어쨌든 감사합니다.
Merci, quand même.
멕씨, 껑 멤므
■ 길을 물었지만 결국 상대방이 도움을 주지 못한 상황에서 쓸 수 있어요.

친절에 감사드려요.
C'est vraiment gentil.
쎄 브헤멍 졍띠
■ 직역하자면 '정말 친절하시군요'

어떻게 감사드려야 할지 모르겠습니다….
Je ne sais comment vous remercier…
쥬 느 쎄 꼬멍 부 흐메흐씨에

감사에 답하기 🔊 01-06

천만에.
Je t'en prie.
쥬 떵 프히

프랑스에서는 하루에도 몇 번씩 듣게 되는 Merci. 그래서 그에 대한 대답도 다양하지요. Je t'en prie.는 '천만에, 고맙긴'이라는 표현입니다. 프랑스에서는 아무 말도 안 하면 무례하다고 생각할 수 있습니다. 여러 명이거나 vous [부]로 말하는 상대방에게는 Je vous en prie. [쥬 부 정 프히]라고 하세요.

[tu와 vous 구분하기]
둘 중 어느 쪽을 사용할 것인지 선택하는 것은 프랑스 사람들에게도 애매한 경우가 많습니다. 좋은 방법은 상대에게 맞추는 건데요, 사이가 가까워지면 '우리 말 놓을까요?' On se tutoie? [옹 쓰 뛰뜨와]하고 양해를 구하는 사람도 있고, 처음부터 다짜고짜 tu [뛰]로 말을 거는 사람도 있습니다. 또 고집스럽게 계속 vous [부]를 쓰는 사람도 있지요.

풍선
ballo(m)
발롱

천만에요.
De rien.
드 히엥

대단한 일이 아니에요.
Il n'y a pas de quoi.
일 니 아 빠 드 끄와
▌ Pas de quoi [빠 드 끄와]로 줄여서 말하기도 합니다. '아무것도 아니에요!'라는 뜻으로 다소 허물없는 사이에 쓰는 표현이에요.

저야말로 감사드려요.
C'est moi qui vous remercie.
쎄 므와 끼 부 흐메흐씨
▌ 상점에서 점원이 많이 쓰는 말입니다.

나야말로 고마워!
Merci, à toi!
멕씨, 아 뜨와

천만에요!
Je vous en prie.
쥬 부 정 프히

고마워요!
Merci!
멕씨

나무
arbre(m)
아흐브흐

어린이, 아이
enfant
엉펑

감탄사 1

아이구! (저런!)
Oh! là! là!
오! 랄 라

프랑스 사람들이 일상에서 자주 쓰는 감탄사입니다. 우리말의 '아이구, 저런' 이라는 말과 비슷한데요, 곤란한 상황이나 불쾌한 경우까지도 두루 쓸 수 있습니다. 길에서 남과 부딪칠 뻔했을 때 먼저 이 말을 쓰면 상대방 탓인 걸로 슬쩍 돌리게 되죠. 적절한 타이밍에 써 보세요.

[누가 잘못일까요?]
한번은 길 가는 노부인과 살짝 스쳤을 뿐인데 Oh! là! là!라고 하며 나무라는 듯이 말하더군요. 이럴 때에는 딱히 잘못한 것이 없어도 신경이 쓰이기 마련이죠. 또한 부딪힐 것 같은 상황일 때 죄송하다는 말 대신 '어머!' Oups! [웁쓰] 하고 넘어가는 사람도 있습니다. 상대방이 얄미울 때는 Pff [프]하고 상대방을 나무라는 듯이 한숨을 쉬는 사람도 있습니다.

맙소사….
Oh là…
올 라
▌진절머리가 난다는 듯한 뉘앙스를 가지고 있습니다.

아이쿠! 아!
Oups!
웁쓰

쉿!(조용히!)
Chut!
쉿(트)

푸-(한숨)
Pff.
프
▌한숨 쉬듯 내는 소리예요.

앗!
Oups!
웁쓰

양복
costume(m)
꼬스뜀므

어머!
Oh là là!
오 랄 라

문
porte(f)
뽀흐뜨

아이스크림
glace(f)
글라쓰

감탄사 2
🔊 01-07

아얏!
Aïe!
아이

'아야!' 대신에 이 말이 튀어 나오면 프랑스 사람 다 됐다는 증거라고 하지요. 인파 속에서 발을 밟혔을 때 일부러 들으라고 이렇게 소리치며 항의하기도 합니다. 누군가가 팔을 잡았을 때도 이렇게 말하면 '아프니까 하지 마, 놔!'라는 뉘앙스를 전달할 수 있습니다. 썰렁한 얘기에 대한 반응으로 쓸 수도 있어요.

[다양한 감탄사]

상대방이 어떤 일을 하지 않았으면 할 때 직접적인 설명보다는 아래 나오는 감탄사 표현을 많이 사용합니다. 이런 표현을 할 때는 표정이나 말투도 좀 달라지겠지요. 뒤에 탄식 소리를 덧붙이기도 합니다. 이때 탄식 소리는 '아'와 '오'의 중간 정도의 발음으로 냅니다.

안 돼!
Non!
농

하지 마!
Arrête!
아헤뜨

말도 안 돼!
C'est pas vrai!
쎄 빠 브헤

그만!
Stop!
스똡
■ 영어지만 프랑스에서도 많이 씁니다.

아얏!
Aïe!
아이

신발
chaussure(f)
쇼쒸흐

발레 슈즈, 플랫 슈즈
ballerine(f)
발르힌느

안 돼!
Non!
농

말도 안 돼!
C'est pas vrai!
쎄 빠 브헤

펜
stylo(m)
스띨로

| 부탁 |

부탁합니다!
S'il vous plaît!
씰 부 쁠레

Un café s'il vous plait! [앙 까페, 씰 부 쁠레]는 '커피 (한 잔) 부탁해요'라는 뜻입니다. 부탁할 때는 이렇게 원하는 것 뒤에 S'il vous plaît! [씰 부 쁠레]를 붙여서 말해요. 프랑스에서는 어린 아이에게도 남에게 부탁할 때 이렇게 예의를 갖추라고 가르친답니다. 아이가 무엇을 해달라고 조를 때 S'il te plait! [씰 뜨 쁠레]를 붙이지 않으면 일부러 못 들은 척하기도 한다네요.

[저기요!]
S'il vous plait! [씰 부 쁠레]는 '저기요!'하고 점원을 부를 때에도 사용합니다.

부탁해!
S'il te plaît!
씰 뜨 쁠레
▌tu로 말하는 친한 상대방에게는 이 표현을 씁니다.

부탁해!
Je t'en prie!
쥬 떵 프히

부탁 좀 해도 돼?
Je peux te demander un service?
쥬 쁘 뜨 드멍데 앙 쎄흐비쓰

~해주시겠어요?
Pourriez-vous~?
뿌히에-부
▌정중하게 부탁할 때 쓰는 말이에요.

어서 오십시오!
Bonjour, monsieur!
봉쥬흐, 므씨으

토마토 세 개 주세요.
Trois tomates, s'il vous plaît!
트흐와 또마뜨, 씰 부 쁠레

채소
légume(m)
레귐므

당근
carotte(f)
꺄호뜨

오이
concombre(m)
꽁꽁브흐

토마토
tomate(f)
또마뜨

파
poireau(m)
쁘와호

가지
aubergine(f)
오베흐쥔느

칭찬하기 1
🔊 01-08

느낌 좋은데. (마음에 들어.)
C'est sympa.
쎄 썽빠

sympa [썽빠]는 '기분 좋은, 마음에 드는'이라는 뜻으로, 사람이나 사물뿐 아니라 일에도 폭넓게 쓸 수 있는 표현입니다. 스스럼없는 사이에서 '그 시계 좋네'와 같이 칭찬할 때, 또는 선물을 받으며 '고마워'라는 의미를 전할 때 많이 사용합니다. 정중하게 말할 때는 sympathique [썽빠띠끄]라고 하세요. '그는 좋은 사람이야'라고 할 때는 Il est sympa. [일 레 썽빠]라고 하면 됩니다.

[칭찬을 아끼지 마세요]
프랑스 사람들은 칭찬을 잘합니다. 때론 과장된 표현인 것 같지만, 서로를 즐겁게 해준다면 칭찬에 인색할 필요 없지요.

좋다!
C'est bien!
쎄 비엥

최고!
C'est génial!
쎄 줴날
▎약간은 과장된 느낌으로 써보세요.

좋아!
Super!
쒸뻬흐

완벽해! 좋아!
Parfait!
빠흐페
▎원래의 의미는 '완벽하다'이지만, '괜찮다, 좋다'로 사용할 수도 있습니다.

고마워!
Merci!
멕씨

다리
pont(m)
뽕

원피스
robe(f)
호브

그거 좋다!
C'est sympa!
쎄 썽빠

셔츠
chemise(f)
슈미즈

칭찬하기 2

좋은데!
Pas mal!
빠 말

프랑스 스타일의 칭찬 표현입니다. 직역하면 '나쁘지 않다'라는 말이에요. Pas mal 뒤에 du tout! [뒤 뚜]를 덧붙이면 좋다는 의미가 더 강해집니다. '나쁘지 않네' 정도로 Pas mal이라고만 말했다면 du tout를 덧붙여 좋다는 의미를 더해보세요.

[반어법으로 말하기]
프랑스 사람들은 '춥다'는 말을 '덥지 않네'라고 하기도 해요. 반대로 말하고 있지만 추운 날 하는 말이니 오해할 일은 없답니다.

비둘기
pigeon(m)
삐종

나쁘지 않네!
C'est pas mal!
쎄 빠 말
▌Pas mal! [빠 말]의 원래 형태예요.

전혀 나쁘지 않아!(괜찮은데!)
C'est pas mal du tout!
쎄 빠 말 뒤 뚜

그 원피스 어울린다!
Elle te va bien cette robe!
엘 뜨 바 비엉 쎄뜨 호브

정말 멋지다!
C'est magnifique!
쎄 마니피끄
▌눈을 크게 뜨고 감정을 실어 말해보세요.

좋은데!
Pas mal!
빠 말

모자
chapeau(m)
샤뽀

건물
immeuble(m)
이뫼블르

[프랑스 사람들의 표현력]
프랑스 사람들과 이야기하다 보면 말과 함께 동작이나 표정도 풍부하다는 생각이 들지요. 특히 칭찬할 때는 더 풍부해집니다. 처음엔 조금 어색하더라도 이런 동작들도 함께 따라 해보세요.

칭찬에 답하기
01-09

고마워요!
C'est gentil!
쎄 정띠

'옷이 멋져요'라는 칭찬을 받으면 겸손하게 '아니에요, 뭘요'라고 하지 말고 '고마워(요)'라고 말하세요. 칭찬을 받았는데 '아니에요'라고 하면, 이유를 들어가며 진지하게 설득하려고 하거나 '마음에 안 드는데 왜 그렇게 입어요?'라고 반문할 수도 있어요.

[겸손한 자랑]
'H&M(모노프리)에서 샀어'라고 하면 '싸지만 좋은 걸 발견했어!'라는 표현입니다. '모노프리'는 파리에서 많이 볼 수 있는 슈퍼마켓이에요.

친절하구나.
T'es gentil(le).
떼 정띠(으)

고마워요!
Merci!
멕씨

어, 그래?
Ah, bon?
아, 봉

H&M에서 찾았어.
Je l'ai trouvé(e) chez H&M.
쥬 레 트후베 쉐 아쉬에엠

너무 예뻐요!
C'est très joli!
쎄 트헤 졸리

이웃
voisin(e)
브와젱(진느)

발코니
balcon(m)
발꽁

고마워요.
Merci.
멕씨

덧문
volet(m)
볼레

| 놀람 표현 |

말도 안 돼!
C'est pas vrai!
쎄 빠 브헤

믿기 힘든 이야기를 듣고 깜짝 놀랐을 때 '말도 안 돼!'라는 뜻으로 쓰는 대표적인 표현이에요. 원래는 Ce n'est pas vrai. [스 네 빠 브헤]지만, 동사 앞뒤에 부정형을 만드는 ne… pas의 ne [느]를 구어에서는 생략하는 일이 많습니다. 그래서 오히려 ne를 넣어 말하면 정중하거나 우아한 느낌을 주기도 하지요. 외국인이나 나이 든 사람들이 이렇게 말하는 경우가 많습니다.

[C'est pas vrai!라고 하면 뭐라고 답할까]
'아니, 정말이야!'라는 의미로 Si, si, c'est vrai! [씨, 씨, 쎄 브헤]라고 하는 것이 일반적인 대답입니다. 하지만 반대로 거짓말이었다면 '속았지?'라는 의미로 Je t'ai bien eu, hein? [쥬 떼 비엉 뉘, 엥]이라고 할 수 있어요.

농담이지?
Tu plaisantes!?
뛰 쁠레정뜨

농담이지?
Tu rigoles?
뛰 히골
■ Tu plaisantes! [뛰 쁠레정뜨]보다 허물없는 표현이에요.

믿을 수 없어!
J'y crois pas!
쥐 크흐와 빠
■ 이것도 Je n'y crois pas! [쥬 니 크흐와 빠]의 ne [느]가 생략된 표현입니다.

믿을 수 없어!
C'est incroyable!
쎄 엥크화이아블르

말도 안 돼!
C'est pas vrai!
쎄 빠 브헤

바게트
baguette (f)
바게뜨

새
oiseau (m)
오와조

[프랑스에서도 뒷담화를?]
개인주의로 유명한 프랑스지만 여느 사람들처럼 친한 친구끼리는 남의 얘기를 하기도 하지요. '저 사람 ○○인 것 같더라!', '말도 안 돼'라고 하면서 흥분하는 모습을 종종 보게 됩니다.

손목시계
montre (f)
몽트흐

모를 때

몰라요.
Je ne sais pas.
쥬 느 쎄 빠

모를 때는 '몰라요'라고 분명하게 말하세요. 프랑스에서는 부드럽게 거절하거나 돌려 말하면 다시 묻는 경우가 많습니다. 하지만 이 분명한 대답 때문에 오히려 당황하는 경우도 있는데요, 상점에서 찾는 물건이 없어서 '언제 들어오나요?'라고 물을 때조차도 알아보지도 않고 단호하게 '모릅니다!'라고 하기도 합니다. 그럴 때는 정중하게 '좀 알아봐 주시겠어요?' Pourriez-vous vous renseigner? [뿌히에-부 부 헝쎄녜]라고 부탁하세요.

이해가 안 돼요. 모르겠어요.
Je ne comprends pas.
쥬 느 꽁프헝 빠

그거 필요 없어요.
Je n'en ai pas besoin.
쥬 넝 네 빠 브즈웽

하고 싶지 않아요.
J'ai pas envie.
줴 빠 엉비

관심 없어요.
Ça m'intéresse pas.
싸 멩떼헤쓰 빠

▌분명하게 거절하지 않으면 '관심 있어?'하고 집요하게 따라다닐 때도 있어요.

모르겠어요.
Je ne sais pas.
쥬 느 쎄 빠

언제 들어와요?
Quand serez vous livré?
껑 쓰헤 부 리브헤

안경
lunettes(f)
뤼네뜨

서점
librairie(f)
리브헤히

책
livre(m)
리브흐

계산대
comptoir(m)
꽁뜨와흐

화날 때

젠장!
Merde!
메흐드

저속한 표현이니 되도록 사용하지 않는 것이 좋지만 프랑스에서는 굉장히 많이 쓰는 말이라서 알아두는 게 좋습니다. 이 표현은 아이들 앞에서는 절대 사용하지 않습니다. 그리고 외국인(특히 여성)이 사용하면 주의를 받기도 해요. 친하지 않은 사람 앞에서는 사용하지 않는 것이 좋습니다. 하지만 나도 모르게 이 말이 튀어나온다면 '프랑스 사람 다 됐네'라는 얘기를 들을 수 있습니다.

아!
Oh là!
올 라

짜증나네!
Ça m'énerve!
싸 메네흐브

뻥이지!
C'est pas vrai, ça!
쎄 빠 브헤, 싸

젠장!
Putain!
쀠떵

[사람에 따라 달라지는 표현]
비속어를 사용하는 사람이 있는가 하면 전혀 쓰지 않는 사람이 있고, 적당히 구별해서 쓸 줄 아는 사람도 있지요. 프랑스에서도 이런 다양한 사람들을 만나게 됩니다. 당연히 비속어의 수준도 다양하지요. putain [쀠떵]은 원래 '매춘부'라는 뜻으로, Merde! [메흐드]보다도 저속한 표현으로 취급되지만 젊은 사람들은 많이 씁니다. 그밖에 다른 비속어는 Part 10에서 찾아보세요.

창(문)
fenêtre(f)
프네트흐

짜증 나!
Ça m'énerve!
싸 메네흐브

고양이
chat(m)
샤

물고기
poisson(m)
쁘와쏭

짜증날 때
01-11

지긋지긋해.
J'en ai marre!
정 네 마흐

Pff! [프]하고 큰 한숨을 쉬면서 이 표현을 말하는 경우가 많지요. 프랑스 사람들이 일상적으로 많이 쓰는 표현입니다. 날씨, 업무, 시험 공부, 인간 관계 등 모든 상황에서 두루 쓰입니다.

[무언의 커뮤니케이션]
프랑스 사람들이 자주 쓰는 큰 한숨 소리인 pff [프]는 남에게 언짢은 감정을 전달할 때 프랑스 사람들이 자주 쓰는 말입니다. 길을 걸을 때 사람이 많아서 어쩔 수 없이 천천히 걷고 있는데 뒤에서 빨리 가라는 신호로 Pff!라고 하면 억울한 기분이 들겠지요? 뒤를 돌아보며 '그래서 요?'라는 의미로 Et alors? [에 알로흐]라고 한 마디 해도 됩니다. 계산대에서 줄이 길어 기다리기 지칠 때도 같은 줄에 서 있는 사람에게 Pff! 라고 하면 서로의 기분에 동의를 구하면서 순간의 연대감을 느끼기도 합니다.

질렸어!
J'en ai assez!
정 네 아쎄
▌J'en ai marre! [정 네 마흐]보다는 정중한 표현이에요.

너 때문에 짜증 나!
Tu m'énerves!
뛰 메네흐브

화났어?
T'es fâché(e)?
떼 파쉐
▌여성은 어미에 e를 붙이지만 발음은 같습니다.

미칠 것 같아!
Je vais devenir fou(folle)!
쥬 베 드브니흐 푸(폴)
▌여성은 folle [폴(르)], 남성은 fou [푸]. 명사에 따라서는 남성형과 여성형이 달라요.

국자
louche(f)
루쓔

우산
parapluie(m)
빠하쁠뤼

레인코트
imperméable(m)
엥뻬흐메아블(르)

지긋지긋해!
J'en ai marre!
정 네 마흐

포크
fourchette(f)
푸흐쉐뜨

스푼
cuillère(f)
뀌예흐

> 맞장구

응.
Oui.
위

Oui [위]는 프랑스어를 배울 때 가장 먼저 알게 되는 단어죠. '네'라는 뜻의 긍정 대답입니다. 결혼할 때 '이 사람을 평생 반려자로 삼겠습니까?'라고 물으면 이렇게 대답하지요. 그래서 'Oui라고 말하다'라고 하면 '결혼하다'라는 표현이기도 합니다. 반대로 '아니요, 싫어요'는 Non. [농]입니다.

[프랑스의 결혼식]
프랑스의 결혼 풍습은 우리나라와는 다릅니다. 여유가 있는 프랑스 사람들은 성당이나 오래된 야외의 별장 또는 성을 빌려 결혼식을 치르지만, 대부분의 사람들은 관할 시청 청사에서 가까운 가족들만 모여 검소하게 치릅니다. 결혼식에서 신랑 신부가 결혼 서약을 할 때는 어느 때보다도 확신에 찬 Oui. [위]라는 답을 들을 수 있습니다.

네네.
Oui, oui.
위, 위
▌이렇게 두 번 반복해 말하는 것은 지겹다는 뉘앙스로 '알았다니까'라는 뜻이 되기도 합니다.

바로 그거야!
Tout à fait!
뚜 따 페

맞아.
C'est ça.
쎄 싸

아, 그건 그래!
Ah! Ça oui!
아! 싸 위

결혼해줄래?
Veux-tu m'épouser?
브-뛰 메뿌제

결혼
mariage(m)
마히아-쥬

응!
Oui!
위

등대
phare(m)
파흐

바다
mer(f)
메흐

파도
vague(f)
바그

커플
couple(m)
꾸쁠르

알았어.
D'accord.
다꼬흐

'내일 11시에 만나!', '이것 좀 해줘요!' 라는 등의 질문에 대답으로 쓸 수 있는 표현이에요. 돌아다니다 보면 자주 듣게 되는 말입니다.

[프랑스 사람들이 일상에서 쓰는 영어]
프랑스 사람들이 평소에 흔히 쓰는 영어 단어를 알아볼까요? 발음은 조금 다를 수 있으니 프랑스 사람들이 어떻게 발음하는 잘 관찰해보세요. OK! [오께], Stop! [스톱], T-shirt [띠-셔흐뜨], Bon week-end! [봉 위껜드] 등이 있습니다. 또 '좋은데'라는 뜻의 C'est cool! [쎄 꿀]이 있고, chips [쉽(프)]는 '포테토칩'이라는 의미예요. self [쎌프]는 우리말과 비슷한 '셀프 서비스'입니다. Shopping [쑈삥(그)]은 '쇼핑', Parking [빠흐낑(그)]은 '주차장'이죠.

알겠습니다.
Entendu.
엉떵뒤
▌D'accord [다꼬흐]보다 정중한 표현이에요.

좋아.
D'ac.
닥
▌D'accord [다꼬흐]의 줄임말이에요. 친한 친구나 젊은 사람끼리 씁니다.

오케이.
OK.
오께
▌영어지만 많이 사용합니다.

싫다고 못하겠는걸!
Je ne peux pas dire non!
쥬 느 쁘 빠 디흐 농
▌'우리 별장에 올래?'처럼 호화롭고 신나는 일에 대한 대답으로 써보세요.

네, 알겠습니다.
Oui, d'accord.
위, 다꼬흐

상사
supérieur(m)
쒸뻬히외흐

목걸이
collier(m)
꼴리에

컴퓨터
ordinateur(m)
오흐디나뙤흐

책상
bureau(m)
뷔호

아쉬움 표현하기

아쉽네!
C'est dommage!
쎄 도마-쥬

'이번 모임에 못 와? 오랜만인데 아쉽다!' 이런 상황에서 아쉬움을 표현하는 말이에요. 물론 '그 수프 상했어? 맛있었는데 아깝네!'라고 말하는 상황에서도 사용할 수 있어요.

[적극적인 프랑스 사람들]
프랑스 사람들은 다른 사람에게 무언가를 요구할 때 상대가 분명하게 거절했거나 거절하는 이유를 충분히 이해할 수 있는 경우라도 몇 번은 더 요청하곤 합니다. 적극적으로 어필하면 어떻게든 자신의 뜻을 관철시킬 가능성이 높기 때문이지요. 용기 내어 한 번 더 말하면 안 될 것 같은 일도 되는 경우가 더러 있습니다.

아쉽네.
Tant pis.
떵 삐
▌'아쉽지만 어쩔 수 없지'라는 뉘앙스예요.

할 수 없지.
Tant pis pour toi!
떵 삐 뿌흐 뜨와

뭐, 그래 할 수 없지.
Bon ben, d'accord.
봉 벵 다꼬흐
▌어깨를 으쓱하고 입을 삐죽하며 말합니다.
ben [벵]은 bien [비엥]의 속어예요.

핸드백
sac à main(m)
싹 까 멩

품절이에요.
Nous n'avons plus cet article en magasin.
누 나봉 쁠뤼 쎄 따흐띠끌 엉 마가젱

아쉽네요.
Tant pis.
떵 삐

펌프스
escarpins(m)
에쓰꺄흐뼁

사과하기
01-13

죄송합니다.
Pardon.
빠흐동

잘잘못을 가려야 하는 상황이라면 이렇게 말하는 순간 먼저 잘못을 인정하는 셈이 될 수 있어요. 하지만 일상에서 부딪칠 뻔했거나, 지나가다 몸이 스치는 등 소소한 실수가 있는 상황이라면 웃는 얼굴로 기분 좋게 Pardon! [빠흐동]하고 말해보세요.

[사과는 잘못을 인정하는 것]
교통사고 같은 중요한 문제에 있어서는 무조건 사과부터 하는 것은 위험합니다. 자신의 과실을 인정한 셈이 되어 나중에 불리한 상황이 되기도 하거든요. Pardon을 너무 습관적으로 쓰지는 마세요.

죄송해요!
Excusez-moi!
엑쓰뀌제-므와

죄송해요.
Je suis désolé(e).
쥬 쒸 데졸레
▌발을 밟았거나 해서 사과할 때 쓰세요.

용서해줘.
Je te demande pardon.
쥬 뜨 드멍드 빠흐동
▌싸운 뒤 사과할 때 쓸 수 있는 표현이에요.

마음이 불편해.
Ça me gêne.
싸 므 젠느

죄송합니다!
Pardon!
빠흐동

아야!
Aïe!
아이

토트백
cabas(m)
까바

대학생
étudiant(e)
에뛰디엉(뜨)

청바지
jean(m)
진

다시 묻기

뭐라고요?
Comment?
꼬멍

무슨 말을 했는지 못 알아들었을 때는 알아들은 척하지 말고 '다시 한 번 말씀해주세요'라고 공손하게 되물어보세요. 대부분은 친절하게 알려줍니다. 이 표현은 무슨 말인지 이해했지만 '그게 무슨 소리야?'라는 뉘앙스로 쓸 수도 있어요. 더 기분 언짢은 상황이라면 '지금 뭐라고 했어? 다시 한 번 말해봐!'라는 뜻도 되지요.

[솔직하게 되물어보세요!]
되묻는 것을 부끄럽게 생각하지 마세요. 프랑스에서는 오히려 아는 척하고 얼버무리는 것을 더 실례라고 생각합니다. 하지만 한 번 배운 표현은 자기 것이 되도록 여러 번 연습하는 것이 중요합니다. 같은 말을 자주 물으면 가까운 친구라도 피곤하게 생각할 수 있으니까요.

네?(뭐라고 하셨어요?)
Pardon?
빠흐동
▌'죄송합니다'라는 뜻과 '다시 한 번 말해주세요'라는 의미로도 사용합니다.

뭐?
Quoi?
꼬와
▌아주 허물없는 사이의 친한 친구나 가족에게 씁니다.

뭐라구?
Hein?
엥
▌퉁명스러운 느낌을 줄 수 있습니다.

다시 한 번 말해줄래?
Tu peux répéter?
뛰 쁘 헤뻬떼

주문
commande(f)
꼬멍드

네?
Pardon?
빠흐동

카페 크렘 주세요.
Un café crème, s'il vous plaît.
앙 까페 크렘, 씰 부 쁠레.

▌café crème은 커피에 우유를 넣은 메뉴입니다. café au lait [까페 올 레]도 같은 메뉴지요. 우리나라의 '카페라떼'와 비슷한 음료라고 생각하세요.

쓰지 않는 게 좋은 표현
01-14

결혼하셨나요?
Vous êtes marié(e)?
부 제뜨 마히에

처음 만난 사람에게는 이렇게 묻지 않는 편이 좋습니다. 프랑스는 정식 결혼은 하지 않고 사실혼 관계로 생활하는 사람들이 많고 법적으로도 인정되거든요. 나이를 묻는 질문도 하지 않는 것이 좋습니다. 한국 문화에서는 일상적으로 할 수 있는 말이지만, 프랑스 사람들은 나이에 따라 친구를 맺는 문화가 없고 특별히 나이를 신경 쓰지 않기 때문에 갑자기 물어보면 놀라거나 의아해합니다. 옆에 제시한 표현들도 특별한 경우가 아니면 쓰지 않는 게 좋아요.

[돈 얘기는 잘 하지 않아요]
월급을 얼마 받는다던가, 경비가 얼마 들었다는 것과 같은 돈 얘기는 잘 하지 않는 것이 프랑스 문화입니다. 물론 사회적인 문제를 이야기할 때 '물가가 비싸!'라는 말은 자주 하지요.

얼마 버세요?
Combien vous gagnez?
꽁비엥 부 가녜

몇 살이세요?
Vous avez quel âge?
부 자베 껠 아-쥬

공산주의자입니까?
Vous êtes communiste?
부 제뜨 꼬뮈니스뜨
▎정치 성향이나 종교도 언급하지 않는 것이 좋습니다.

혈액형이 뭐예요?
Quel est votre groupe sanguin?
껠 레 보트흐 그흅 썽갱
▎혈액형으로 성향을 구분하는 문화는 한국과 일본에만 있다지요? 간혹 이런 질문을 하는 분들이 있는데, 매우 의아하게 생각한답니다. 의료 관계자가 할 법한 질문이기 때문이지요.

결혼했어?
Tu es mariée?
뛰 에 마히에

네?
Pardon?
빠흐동

와인
vin (m)
뱅

바
bar (m)
바흐

병
bouteille (f)
부떼이-으

유리잔
verre (m)
베흐

Part 2

교통과 편의시설
Profitez de Paris!

파리 지도를 손에 들고 걸어 볼까요?
지하철이나 길에서 길을 잃었다면 용기를 내서
물어보는 것도 좋아요.

카페에서 주문하기 🔊 02-01

연한 커피 부탁해요.
Un café allongé, s'il vous plaît!
앙 까페 알롱줴, 씰 부 쁠레

프랑스에서 커피를 주문하려고 café [카페]라고 말하면 에스프레소 커피가 나옵니다. 작은 잔에 나오는 에스프레소는 진한 커피를 말하죠. 너무 진하거나 양이 적다면 이 표현을 써서 주문해 보세요. 연하게 희석한 아메리카노 스타일의 커피를 마실 수 있습니다. 양도 많고 에스프레소 가격과 다르지 않아서 좋습니다.

콜라 주세요.
Un coca, s'il vous plaît!
앙 꼬까, 씰 부 쁠레
■ 콜라는 영어의 coke와 다르게 coca [꼬까]라고 부릅니다.

아이스커피 있나요?
Vous auriez un café glacé?
부 조히에 앙 까페 글라쎄

민트수 주세요.
Une menthe à l'eau, s'il vous plaît.
윈느 멍뜨 알 로, 씰 부 쁠레
■ 초록색 민트 시럽을 물에 희석한 음료로 여름에 인기가 많습니다.

화장실은 어디에요?
Où sont les toilettes?
우 쏭 레 뜨왈레뜨

[아이스커피에 주의!]
프랑스를 비롯한 유럽에서는 아이스커피가 대중적이지 않습니다. 커피는 뜨겁게 마시는 것이라는 인식이 있기 때문인데요, 관광객이 자주 오지 않는 곳이나 글로벌 체인의 커피숍이 아닌 곳에서 아이스커피를 주문하면 유리잔에 에스프레소를 담고 얼음 몇 개를 띄운 애매한 커피를 받을 수도 있답니다.

콜라 주세요.
Un coca, s'il vous plaît!
앙 꼬까, 씰 부 쁠레

카페(커피숍)
café(m)
까페

방향 물어보기

택시 타는 곳이 어디예요?
Où est-ce que je peux trouver un taxi?
우 에-스 끄 쥬 쁘 트후베 앙 딱씨

잘 모르는 곳을 가게 됐다면 지도에 의존하는 것보다 용기를 내어 길을 물어 보세요. 도심에서는 길이 복잡해서 척척 알려줄 사람을 만나기 쉽지 않을 수도 있지만, 함께 고민하면서 길을 찾아주는 친절한 사람을 만나게 될 수도 있습니다. 잠깐 기다려 보라며 동료들끼리 머리를 맞대고 의논하기도 하고, 주변에 있는 다른 사람에게 물어봐주는 사람도 있어요. 덕분에 시간이 더 걸리는 일도 있지만 프랑스 사람들의 친절을 느낄 수 있는 좋은 기회입니다.

지하철이 어디예요?
Où est-ce que je peux trouver le métro?
우 에-스 끄 쥬 쁘 트후베 르 메트호

어디에 카페(커피숍)가 있나요?
Où est-ce que je peux trouver un café?
우 에-스 끄 쥬 쁘 트후베 앙 까페

화장실이 어디 있나요?
Où est-ce que je peux trouver les toilettes?
우 에-스 끄 쥬 쁘 트후베 레 뜨왈레뜨

슈퍼마켓이 어디에 있나요?
Où est-ce que je peux trouver un supermarché?
우 에-스 끄 쥬 쁘 트후베 앙 쒸뻬흐마흐쉐

택시 타는 곳이 어디인가요?
Où est-ce que je peux trouver un taxi?
우 에-스 끄 쥬 쁘 트후베 앙 딱씨

나뭇잎
feuille(f)
푀이-으

스커트
jupe(f)
쥡(쁘)

장소 물어보기 02-02

우체국을 찾고 있어요.
Je cherche la poste.
쥬 쉐흐슈 라 뽀스뜨

파리에서 산책할 때는 시내 지도를 꼭 가지고 다니세요. 여행자뿐만 아니라 현지 사람들도 지도를 애용한답니다. 지도를 봐도 찾기 어려워서 누군가에게 물어볼 때는 두 사람에게 물어보는 것도 방법이에요. 친절한 프랑스인이 자신 있게 알려준 정보가 때론 틀릴 때도 있거든요. 길을 알려준 사람에겐 Merci beaucoup. [메흐씨 보꾸]라고 인사하는 것도 잊지 마세요.

저기요, 실례합니다!
Excusez-moi, monsieur!
엑쓰뀌제-므와, 므씨으
▪ 이 표현으로 정중하고 기분 좋게 말을 걸어보세요.

여기가 어디인지 알려 주시겠어요?
Pourriez-vous me dire où nous sommes?
뿌히에-부 므 디흐 우 누 쏨므
▪ 지도를 보여주며 쓸 수 있는 표현이에요.

시청이 어디 있는지 아세요?
Vous savez où est la mairie?
부 싸베 우 엘 라 메히

걸어서 갈 수 있어요?
On peut y aller à pied?
옹 쁘 이 알레 아 삐에

[우체국은 la poste]
길에 있는 우체통은 Boîte aux lettres [브와뜨 오 레트흐]입니다. 프랑스에서는 우체통이 노란색이에요.

걸어서 갈 수 있어요?
On peut y aller à pied?
옹 쁘 이 알레 아 삐에

산책
promenade(f)
프호므나드

자전거
bicyclette(f)
비씨끌레뜨

유모차
poussette(f)
뿌쎄뜨

지도
plan(m)
쁠렁

길 알려주기

저쪽이에요.
C'est par là.
쎄 빠흘 라

길을 알려줄 때 방향을 가리키면서 C'est par là [쎄 빠흘 라]라고 말합니다. '저쪽이에요'라는 표현이에요. 여행객들이 하는 말이 파리 사람들은 도도해 보여서 외국인에게 길을 물을 때가 많다는군요. 혹시 여러분에게 길을 물어보는 사람이 있다면 이 표현을 써보세요.

[저도 여기 처음이에요.]

길을 물었는데 알지 못하는 곳이라면, Je ne suis pas d'ici. [쥬 느 쒸 빠 디씨]라고 말하세요. '이 근처에 살지 않아서요'라는 뜻입니다. 또는 Je ne sais pas où c'est. [쥬 느 쎄 빠 우 쎄]라고 말하세요. '어디에 있는지 몰라요'라는 뜻입니다.

그럼 거기서 왼쪽으로 도세요.
Alors, vous allez tourner à gauche là bas.
알로흐, 부 잘레 뚜흐네 아 고슈 라 바

그리고 바로 오른쪽으로 가세요.
Et puis tout de suite à droite.
에 쀠 뚜 드 스위뜨 아 드화뜨

똑바로 계속 가세요.
Vous continuez tout droit.
부 꽁띠뉘에 뚜 드화

괜찮아요. 도움이 돼서 기뻐요!
De rien. Avec plaisir!
드 히엥. 아벡 쁠레지흐

거기에서 오른쪽으로 도세요.
Vous allez tourner à droite là.
부 잘레 뚜흐네 아 드화뜨 라

거기에서 오른쪽으로 도세요.
Vous allez tourner à droite là.
부 잘레 뚜흐네 아 드화뜨 라

자동차
voiture(f)
브와뛰흐

택시 타기

🔊 02-03

이 주소로 가 주세요.
À cette adresse, s'il vous plaît.
아 쎗 따드헤쓰, 씰 부 쁠레

택시를 타면 먼저 Bonjour! [봉쥬흐] 하고 인사하세요. 행선지를 말할 자신이 없을 때는 미리 종이에 주소를 써서 타거나 목적지가 호텔, 상점 등 알 만한 곳이라면 상호를 쓰거나 명함을 보여 주세요. 이때는 '이 주소로 가 주세요' À cette adresse, s'il vous plait. [아 쎗 따드헤쓰, 씰 부 쁠레]라고 하면 됩니다. 내릴 때는 Merci, au revoir! [멕씨, 오 흐브와] '감사합니다. 안녕히 가세요!'라고 정중하게 인사하세요.

상젤리제 거리까지 부탁합니다.
Champs Élysées, s'il vous plaît.
상젤리제 씰 부 쁠레

번지로요?
À quel numéro?
아 껠 뉘메호

32번지까지요.
Au trente-deux.
오 트헝뜨-드

여기서 내릴게요.
Je descends, ici.
쥬 데썽, 이씨

[트렁크는 별도 요금]
트렁크에 캐리어 같은 큰 짐을 실었다면 별도 요금을 받습니다. 대략 1유로 정도인데요, 미터기에 제시된 금액에 더해서 청구됩니다.

알겠습니다.
Très bien.
트헤 비엥

이 주소로 가 주세요.
À cette adresse, s'il vous plaît.
아 쎗 따드헤쓰, 씰 부 쁠레

택시
taxi(m)
딱씨

핸들
volant(m)
볼렁

지하철 표 사기

회수권 한 묶음 주세요.
Un carnet, s'il vous plaît.
앙 꺄흐네, 씰 부 쁠레

파리에서 지하철 표를 살 때 여러 번 탈 예정이라면 10장 묶음으로 된 회수권을 사는 것이 낱장 구입보다 이득입니다. 파리의 지하철은 어딜 가든 같은 요금이라 계산이 간단해요. 그리고 회수권으로 지하철과 버스 모두 이용할 수 있습니다. 참고로 4세부터 9세까지 어린이 요금은 반값이에요.

[두 사람이 함께 통과하는 개찰구]
파리의 지하철도 자동 개찰 시스템이 설치되어 있는데요, 꼭 붙어서 통과하면 표 한 장으로 두 사람이 통과할 수도 있어요. 표를 사지 않고 같이 통과하려고 맘대로 밀착해 오는 사람도 있지만, 때로는 '같이 통과해도 될까요?' 하고 예의 바르게 묻는 사람도 있습니다. 무임 승차는 위법인데도 말이죠!

표 한 장 주세요.
Un ticket, s'il vous plaît.
앙 띠께, 씰 부 쁠레

같이 통과해도 될까요?
Je peux passer avec vous?
쥬 쁘 빠쎄 아벡 부

싫어요.
Non, désolé(e).
농, 데졸레
■ 여성은 어미에 e가 붙지만 발음은 같아요. 같이 개찰구를 통과하려면 신체 접촉이 불가피하니 싫다면 이렇게 거절하세요.

그러세요.
Allez-y.
알레-지
■ 프랑스 사람들에게는 함께 통과하는 것이 흔한 일이긴 합니다.

지하철
métro(m)
메트호

표 주세요.
Un ticket, s'il vous plaît.
앙 띠께, 씰 부 쁠레

여행자, 승객
voyageur /
voyageuse(m/f)
봐야죄흐 / 봐야즈즈

[캐리어를 끌고 통과할 때]
캐리어 같은 큰 짐이 있다면 역무원에게 부탁하세요. 큰 문으로 통과시켜 줍니다. 개찰구에서는 표만 통과시키면 돼요.

매표소
guichet(m)
기쉐

할인 요금
tarif réduit(m)
따히프 헤뒤

보통 요금
plein tarif(m)
쁠렝 따히프

지하철 타러 가기 🔊 02-04

출구를 찾고 있는데요.
Je cherche la sortie.
쥬 쉐흐슈 라 쏘흐띠

'출구'는 SORTIE [쏘흐띠]라고 크게 표시되어 있어요. 하지만 여러 노선이 겹치는 큰 역에서 출구를 찾기 어렵다면 이렇게 말해보세요. '환승' correspondence [꼬헤쓰뽕덩쓰]도 잘 표시되어 있지만, 간혹 공사 중인 경우도 있어 헤맬 수 있습니다. 그런 때에는 두리번거리지 않는 사람에게 물어보세요.

출구
sortie(f)
쏘흐띠

환승
correspondance(f)
꼬헤쓰뽕덩쓰

[벌금 부과는 가차없이]
프랑스에서는 지하철에서 나갈 때 표를 내지 않는 곳이 많습니다. 하지만 검표원이 확인할 때 표를 가지고 있지 않으면 여지없이 벌금이 부과됩니다. 나올 때까지 표를 꼭 간직하세요.

1호선 플랫폼을 찾고 있는데요.
Je cherche la ligne une.
쥬 쉐흐슈 라 린뉴 윈(느)

생폴 역에 가고 싶은데요.
Je voudrais aller à la station St-Paul.
쥬 부드헤 알레 알 라 스따씨옹 썡-뽈

몇 개 역을 가야 하나요?
Combien de stations?
꽁비엥 드 스따씨옹

표를 잃어버렸어요.
J'ai perdu mon ticket.
줴 뻬흐뒤 몽 띠께

■ 이렇게 변명하는 무임승차자가 많아서 그런지 검표원은 이런 말에 아랑곳하지 않아요.

6호선
la ligne 6(f)
라 린뉴 씨쓰

지하철 타기

문 좀 열어 주세요!
La porte, s'il vous plaît!
라 뽀흐뜨, 씰 부 쁠레

파리 지하철도 사람이 많을 때가 있는데요. 내리려고 할 때 문 앞에 있는 사람이 비켜주지 않을 때도 있습니다. 파리 지하철 문은 수동인 경우도 많으니 문 앞에 있는 사람에게 문을 열어 달라고 부탁해보세요. 큰 소리로 말하려면 용기가 필요하지만, 그렇게 하지 않으면 내리고 싶은 역을 지나치는 불상사가 생기기도 하거든요.

괜찮을까요…?
Puis-je…?
쀠-쥬
▌'여기 앉아도 될까요?'라고 말하고 싶을 때 쓰세요. 자리를 좀 만들어 달라고 할 때도 쓸 수 있어요.

밀지 마세요!
Ne me poussez pas!
느 므 뿌쎄 빠
▌그렇다고 해서 우리나라처럼 지하철에서 몸을 부딪히는 건 아닙니다.

자요. 받으세요.
Tenez.
뜨네
▌지하철 역사 안에서 뮤지션들이 종종 연주를 해요. 연주가 맘에 들면 이렇게 말하고 돈을 건네 보세요.

앉으시겠어요?
Vous voulez vous asseoir?
부 불레 부 자쓰와흐
▌노인, 임신부 등에게 자리를 양보할 때 이렇게 말하세요. 프랑스 사람들은 임신부에게 매우 친절하답니다.

출근하다
aller au travail
알레 오 트하바이

접이식 의자
strapontin(m)
스트하뽕땡

좌석
siège(m)
씨에쥬

문
porte(f)
뽀흐뜨

전철
train(m)
트헹

버스 타기
🔊 02-05

여기 앉아도 될까요?
Je peux m'asseoir ici?
쥬 쁘 마쓰와흐 이씨

프랑스 사람들은 옆자리가 비었을 때 짐을 올려두는 경우가 많아요. 누군가가 그 자리에 앉으려고 할 때는 오히려 양보해준다는 뉘앙스를 풍기기도 한답니다. 이 표현은 짐이 있는 자리에 앉으려고 할 때 쓸 수 있는 말이에요. 그리고 버스에는 노인들이 많기 때문에 어지간하면 자리를 양보하는 편이 좋습니다. 노인수첩 같은 것을 보여주며 '우선석이니 비켜요'라고 말하는 할머니도 있거든요.

안녕하세요!
Bonjour!
봉쥬흐
▮ 버스에 탈 때도 운전기사에게 인사합니다.

샹젤리제에 갑니까?
Vous allez aux Champs Élysées?
부 잘레 오 샹젤리제
▮ 버스에 타기 전에 가고 싶은 장소를 넣어 물어보세요.

앉으세요.
Je vous en prie.
쥬 부 정 프히
▮ 자리를 양보할 때는 일어서면서 이렇게 말합니다.

여기서 내려요.
Je descends ici.
쥬 데썽 이씨
▮ 내릴 때 문 앞에 사람이 있으면 비켜달라고 부탁하세요.

[아기에게는 자상]
파리 사람들은 타인에게 차갑다고들 하는데요, 모르는 사람이라도 아기가 있으면 아주 친절해지곤 합니다. 지하철이나 버스를 탈 때 유모차 때문에 애를 먹고 있거나 계단 앞에서 낑낑거리고 있으면 노부인까지도 당연하다는 듯 도와주는 모습을 쉽게 볼 수 있어요.

차창
vitre (f)
비트흐

앉아도 될까요?
Je peux m'asseoir?
쥬 쁘 마쓰와흐

앉으세요.
Je vous en prie.
쥬 부 정 프히

스트라이프
rayure (f)
헤위흐

종이봉투
sac en papier (m)
싹 껑 빠삐에

기차 타기

리옹까지 한 장 부탁해요.
Un billet pour Lyon, s'il vous plaît.
앙 비예 뿌흐 리옹, 씰 부 쁠레

파리 시내를 벗어나 기차로 지방이나 교외를 갈 때는 반드시 타는 역에서 티켓을 개찰하세요. 나중에 차 안에서 검표할 때 개찰하지 않은 티켓에 벌금을 물리거든요. 하지만 아이러니하게도 타는 역에 개찰구가 없습니다. 티켓을 샀으니 괜찮다고 생각하고 그냥 탔다가 검표원에게 걸리면 외국인이라 몰랐다고 말해도 벌금을 피할 길이 없어요. 그럼 어디서 개찰해야 할까요? 잘 찾아보면 플랫폼 앞쪽에 작은 기계가 있습니다. 반드시 탑승 전에 직접 개찰하고 들어가세요.

왕복(티켓)으로.
Un aller-retour.
아 날레-흐뚜흐

편도로.
Juste un aller simple.
쥐스뜨 아 날레 쌩쁠르

26세 이하입니다.
J'ai moins de 26 ans.
줴 므웽 드 벵뜨씨정
▌26세 이하는 할인이 되는 경우가 많습니다.

어디에서 개찰합니까?
Où est-ce que je peux composter mon billet?
우 에-스 끄 쥬 쁘 꽁뽀스떼 몽 비예

[ticket와 billet]
지하철 승차권은 ticket [띠께], 철도 승차권은 billet [비예]로 명칭이 다릅니다.

미소짓다
sourire
쑤히흐

마이크
micro(m)
미크호

리옹까지 한 장 주세요.
Un billet pour Lyon, s'il vous plaît.
앙 비예 뿌흐 리옹, 씰 부 쁠레

시각표
horaire(m)
오헤흐

지하철 노선도
plan du métro(m)
쁠렁 뒤 메트호

철도
chemin de fer(m)
슈맹 드 페(흐)

우체국 이용하기
02-06

한국(남한)까지 부탁합니다.
Pour la Corée (du Sud), s'il vous plaît.
뿌흘 라 꼬헤 (뒤 쒸드), 씰 부 쁠레

우체국에 짐을 들고 가서 이렇게 말하면, '아, 한국에 보내는 소포군요'하고 금방 압니다. 프랑스에서는 남한과 북한을 꼭 구별해서 말하세요. 또 받지 못한 소포도 우체국으로 가지러 가야 하는데요, 보통 우체국에서는 길게 줄 서는 걸 피할 수가 없습니다. 이때 투덜거리는 사람들이 한두 명은 꼭 있기 마련인데요, 같은 생각이라는 뜻으로 어깨를 으쓱해 보이면 특별한 말 없이도 사람들과 자연스럽게 소통하는 느낌을 받습니다.

우표 10장 세트 부탁합니다.
Un carnet de timbre, s'il vous plaît.
앙 까흐네 드 땡브흐, 씰 부 쁠레

저한테 온 소포 찾으러 왔는데요.
Je suis venu(e) chercher mon colis.
쥬 쒸 브뉘 쉐흐쉐 몽 꼴리

여기에 줄 서면 되나요?
Vous attendez ici?
부 자떵데 이씨
▪ 직역하면 '여기에서 기다리고 계신가요?'입니다.

줄이 기네요, 그렇죠?
C'est long, hein?
쎄 롱, 엥
▪ 함께 줄을 서 있는 사람과 시간 때우기 대화를 시도해보세요.

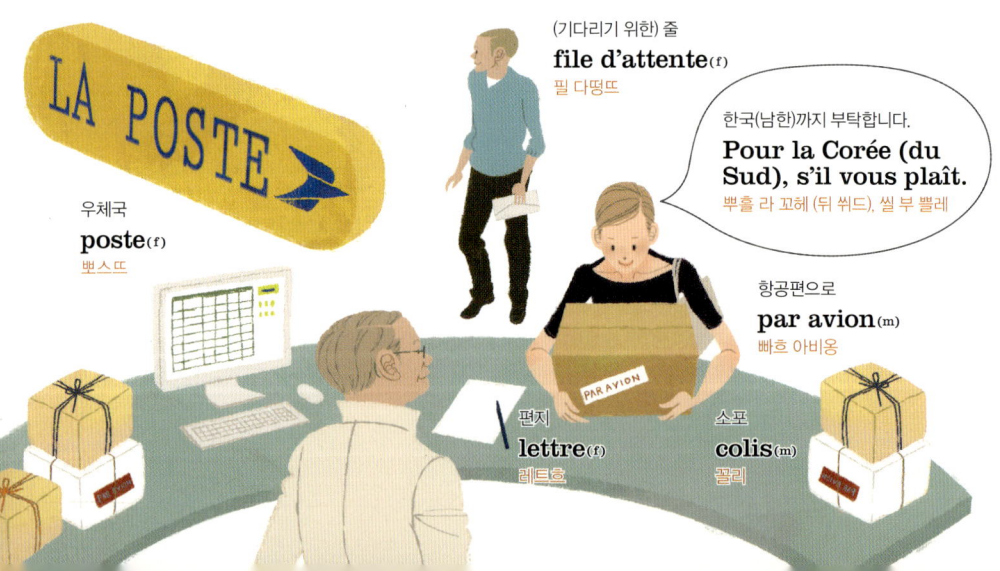

LA POSTE

우체국
poste(f)
뽀스뜨

(기다리기 위한) 줄
file d'attente(f)
필 다떵뜨

한국(남한)까지 부탁합니다.
Pour la Corée (du Sud), s'il vous plaît.
뿌흘 라 꼬헤 (뒤 쒸드), 씰 부 쁠레

항공편으로
par avion(m)
빠흐 아비옹

편지
lettre(f)
레트흐

소포
colis(m)
꼴리

미용실 이용하기

이렇게 해주세요.
Je voudrais que ça soit comme ça.
쥬 부드헤 끄 싸 쓰와 꼼 싸

Je voudrais… [쥬 부드헤]는 유용한 표현이에요. '~해주었으면 좋겠다', '~를 원한다' 등의 뜻으로 사용합니다. 비교적 정중한 표현이라 다양한 상황에서 쓸 수 있어요. 미용실이라면 사진을 보여주면서 이렇게 말하면 '이런 스타일로 머리를 해주세요'라는 뜻을 전할 수 있습니다.

너무 짧지 않게.
Pas trop court.
빠 트호 꾸흐

숱을 좀 쳐 주시겠어요?
Vous pouvez désépaissir un peu, s'il vous plaît?
부 뿌베 데제뻬씨흐 앙 쁘, 씰 부 쁠레

머리카락 끝 부분만.
Juste les pointes.
쥐스뜨 레 쁘웽뜨

완전히 바꾸고(변신하고) 싶어요.
Je voudrais complètement changer.
쥬 부드헤 꽁쁠레뜨멍 셩줴

[동양인은 어려워요.]
파리에서는 동양인의 모발을 잘 알고 맡길 만한 곳을 찾기가 힘듭니다. 프랑스 사람들은 직모보다는 곱슬머리가 많아서 그런 것 같은데요. 미용사가 '영감이 떠올랐어요! 제가 하고 싶은 대로 해도 될까요?'라며 자신 있게 말하고는 너무나 평범한 단발머리를 해주는 경우도 있었습니다.

이렇게 해주세요.
Je voudrais que ça soit comme ça.
쥬 부드헤 끄 싸 쓰와 꼼 싸

미용사
coiffeur / coiffeuse(m/f)
꼬와푀흐 / 꼬와프즈

가위
ciseaux(m)
씨조

숏팬츠
short(m)
쇼흐뜨

거울
miroir(m)
미흐와흐

미용실
salon de coiffure(m)
쌀롱 드 꼬와퓌흐

에스테틱 샵 이용하기
02-07

좀더 세게 부탁해요.
Un peu plus fort, s'il vous plaît.
앙 쁘 쁠뤼 포흐, 씰 부 쁠레

프랑스에서 마사지를 받으면 뭔가 부족한 느낌을 받습니다. 지압해주며 누르는 스타일의 마사지가 아니거든요. 모처럼 시원하게 몸을 풀고 싶다면 이 표현을 써보세요.

[프랑스인은 엄살꾸러기?]
프랑스 사람들은 강도가 센 마사지를 싫어한다고 합니다. 지압처럼 아프면서도 시원한 느낌을 잘 모르는 것 같아요. 파리에는 크고 유명한 고급 에스테틱 샵이 많지만 작은 규모의 샵도 많습니다. 무턱대고 들어가면 너무 꾀죄죄한 곳이거나 마사지가 잘 맞지 않아 시원한 느낌이 없이 아프기만 한 곳도 있어요. 파리라면 어디나 피부 관리는 최고일 거라는 환상을 버리고 꼼꼼하게 알아보고 가세요.

살살 부탁해요.
Moins fort, s'il vous plaît.
므웽 포흐, 씰 부 쁠레

거기가 아파요.
J'ai mal là.
줴 말 라

기분 좋아요.
Ça fait du bien.
싸 페 뒤 비엥

개운해졌어요! 고마워요!
Je me sens mieux! Merci!
쥬 므 썽 미으 멕씨

마사지 **massage**(m) 마싸-쥬
침대 **lit**(m) 리
오일 **huile**(f) 윌르
미용사 **esthéticien(ne)** 에스떼띠씨엥(엔느)
뷰티 살롱 **salon de beauté**(m) 쌀롱 드 보떼
침대 시트 **drap**(m) 드하

키오스크 이용하기

파리스코프 주세요.
Pariscope, s'il vous plaît.
빠히스꼬쁘, 씰 부 쁠레

프랑스에서는 서점에서 잡지를 팔지 않습니다. 우리에게도 익숙한 ELLE [엘리]나 VOGUE [보그] 같은 패션 잡지는 물론 VOICI [브와씨], CLOSER [끌로저(흐)] 등의 가십 잡지를 가판대 kiosque [끼오스끄]에서 쉽게 살 수 있습니다. 프랑스의 바캉스 시기에는 이런 잡지가 특히 인기입니다. Pariscope [빠히스꼬쁘]나 Officiel [오피씨엘]은 영화나 연극 정보를, MARIE CLAIRE DECO [마히 끌레흐 데꼬]는 인테리어를 다룹니다.

이번 주 익스프레스지(誌) 있어요?
Vous avez l'Express de cette semaine?
부 자베 렉쓰프헤쓰 드 쎄뜨 스멘느

파리마치라는 잡지 있어요?
Vous avez un magazine qui s'appelle Paris Match?
부 자베 앙 마가진느 끼 싸뻴르 파히마치

그거 언제 들어와요?
Vous l'aurez quand?
불 로헤 껑

(담아 갈) 봉투 좀 주시겠어요?
Pourriez-vous me donner un sac, s'il vous plaît?
뿌히에-부 므 도네 앙 싹, 씰 부 쁠레

가판대
kiosque(m)
끼오스끄

엽서
carte postale(f)
꺄흐뜨 뽀스딸(르)

잡지
magazine(m)
마가진느

패션 잡지
magazine de mode(m)
마가진 드 모드

신문
journal(m)
주흐날

Part 3

파리의 일상
Faciliter son quotidien

역사가 숨쉬는 파리의 아파트. 파리지앵과
파리지엔느의 개성 넘치는 생활이 펼쳐집니다.

사는 곳
03-01

파리 11구에 살고 있어요.
J'habite dans le 11ème.
쟈비뜨 덩 르 옹지엠므

파리의 어느 구에 살고 있는지 말할 때 쓰는 표현이 dans le ○○입니다. 파리는 총 20구로 나뉘어 있는데, 구마다 특색이 있습니다. 어느 구에 살고 있다고 하면 '아, 저기 살고 있으니까 이런 사람일 거야'하는 이미지가 저절로 생길 정도니까요. 특히 16구와 7구는 부유층, 18구~20구는 서민층, 11구는 젊은 층, 12구와 15구는 중산층 가정이 많은 느낌입니다. 실제로 꼭 그렇다기보다는 그런 이미지가 형성되어 있다는 뜻이에요.

5층에 살고 있어요.
J'habite au quatrième(4ème) étage.
쟈비뜨 오 까트히엠므 에따-쥬
■ 프랑스에서는 1층을 '지층'이라고 표시해요. 그래서 2층부터 1층이라고 세기 시작합니다.

오래된 건물입니다.
C'est un immeuble ancien.
쎄 따 니뫼블르 엉씨엥
■ 파리는 오래된 건축물들이 잘 보존되어 있어요. 외관은 오래됐어도 내부는 최신 스타일로 깔끔하게 갖춘 집들이 많습니다.

비밀번호는 15A36이야.
Le code est 15A36.
르 꼬드 에 껭즈아트헝뜨씨쓰
■ 파리의 아파트 입구는 비밀번호를 누르게 되어 있는 곳이 많아요.

[나무 바닥에 카펫]
프랑스의 집 바닥은 나무 바닥재로 되어 있어도 그 위에 카펫을 까는 경우가 많습니다. 바닥 전체에 까는 카펫은 moquette [모께뜨]라고 부릅니다.

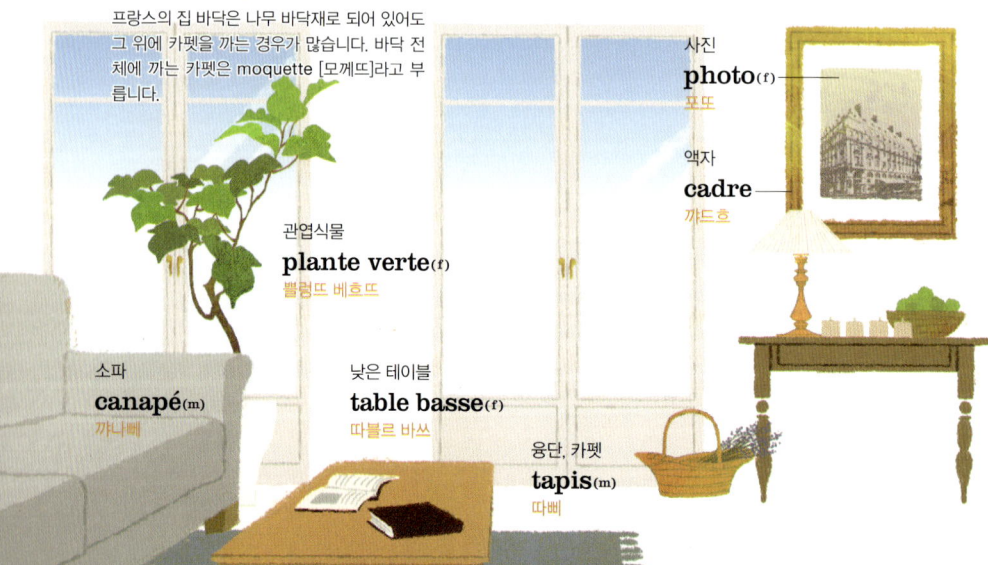

사진
photo(f)
포또

액자
cadre
까드흐

관엽식물
plante verte(f)
쁠렁뜨 베흐뜨

소파
canapé(m)
까나뻬

낮은 테이블
table basse(f)
따블르 바쓰

융단, 카펫
tapis(m)
따삐

> 일상 생활

저는 요리를 합니다.
Je cuisine.
쥬 뀌진느

'프랑스 요리' 하면 화려한 이미지가 강하지만, 가정요리는 간단한 것도 많습니다. 사람들을 초대할 때는 전채-메인-치즈-디저트를 코스별로 내놓지만, 평소에는 구운 고기에 감자나 고구마, 강낭콩 등을 곁들여 먹고, 샐러드와 치즈를 자주 먹어요.

[거대한 디저트]
집으로 식사 초대를 받았다면 반드시 디저트를 먹게 됩니다. 주로 직접 만든 타르트인데요. 둥글고 큰 타르트를 사람 수에 맞게 나누어 자릅니다. 사람이 많을 때는 적당한 사이즈를 먹지만, 세 명 정도가 모였을 때 3등분을 해서 먹는 경우도 있답니다. 식사보다 큰 디저트를 먹게 될 수도 있어요.

청소를 합니다.
Je fais le ménage.
쥬 페 르 메나-쥬

세탁을 합니다.
Je fais la lessive.
쥬 페 라 레씨브

설거지를 합니다.
Je fais la vaisselle.
쥬 페 라 베쎌르

나는 청소부가 아니야!
Je ne suis pas une femme de ménage!
쥬 느 쉬 빠 쥔 팜 드 메나쥬
▌부부 싸움을 할 때 이런 말이 나오기도 해요. 바쁜 파리에서는 맞벌이 하는 부부가 많아서 청소하는 사람을 불러 쓰는 가정이 많습니다.

앞치마
tablier(m)
따블리에

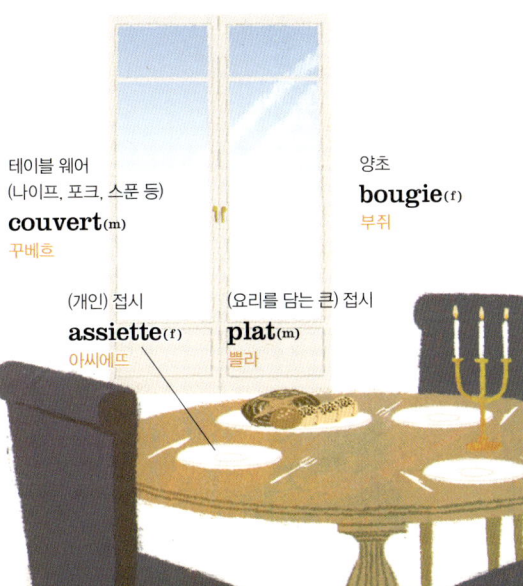

테이블 웨어
(나이프, 포크, 스푼 등)
couvert(m)
꾸베흐

양초
bougie(f)
부쥐

(개인) 접시
assiette(f)
아씨에뜨

(요리를 담는 큰) 접시
plat(m)
쁠라

직업
03-02

직업이 뭐야?
Qu'est-ce que tu fais dans la vie?
께-스 끄 뛰 페 덩 라 비

프랑스에서는 나이나 결혼 여부를 묻는 것이 예의가 아니지만 '무슨 일 하세요?'라고 묻는 것은 처음 본 사이라도 대화를 시작하기 좋은 화제입니다. 프랑스 여성은 대부분 일을 하기 때문에 '육아 중이에요', '주부예요'라고 하면 '어? 그럼 그 전에는 뭐하셨어요?'라고 물어보는 사람들이 많습니다.

[vous로 말할 때는]
vous로 말하는 사이라면 Qu'est-ce que vous faites dans la vie? [께-스 끄 부 페뜨 덩 라 비]라고 물어봅니다. 직역하면 '당신은 인생에서 무엇을 하고 있습니까?'지만 사실은 직업을 묻는 표현입니다. 습관이나 인생의 목표를 묻는 것이 아니에요.

광고업계에서 일하고 있어요.
Je suis dans la pub.
쥬 쒸 덩 라 쀠브
▌dans [덩] 뒤에 업종을 넣어서 말하세요.

변호사입니다.
Je suis avocat.
쥬 쒸 쟈보꺄
▌être동사와 함께 사용하는 avocat [아보꺄]와 같은 직업이나 직함 앞에는 관사를 쓰지 않아요.

지금 실업 상태입니다.
Je suis au chômage.
쥬 쒸 오 쇼마-쥬
▌직업이 바뀌는 일도 잦은 프랑스에서는 실업 수당을 받으면서 다음 일을 찾아 자기계발을 하는 사람도 많아요.

문과 학생입니다.
Je suis étudiante en lettres.
쥬 쒸 제뛰디엉뜨 엉 레트흐
▌남자라면 étudiant [에뛰디엉]이라고 하세요. 이과는 sciences [씨엉쓰]예요. '이과 학생입니다'는 Je suis étudiante en sciences. [쥬 쒸 제뛰디엉뜨 엉 씨엉쓰]라고 합니다.

컵
verre(m)
베흐

일, 업무
travail(m)
트하바이으

펜
stylo(m)
스띨로

사무실
bureau(m)
뷔호

숫자

풍선
ballon(m)
발롱

1, 2, 3
Un, deux, trois
앙, 드, 트화

발레 용어를 들어본 적 있다면 Un, deux, trois에는 익숙하지요. 프랑스어 숫자를 처음 배울 때는 한 걸음씩 걸을 때마다 un, deux, trois, quatre…라고 하면서 100까지 걷는 연습을 하면 도움이 됩니다. 숫자가 커지면 조금 복잡해서 바로 생각나지 않아 걸음을 멈춰야 할 때도 있겠지만요. 가격이나 전화번호, 주소 등과 같이 숫자를 사용해야 하는 일이 아주 많기 때문에 숫자만큼은 시간을 내어 익혀두는 게 좋습니다.

4, 5, 6,
quatre, cinq, six,
꺄트흐, 쌩끄, 씨쓰

7, 8, 9, 10
sept, huit, neuf, dix
쎄뜨, 위뜨, 뇌프, 디쓰

10까지 세어!
Compte jusqu'à dix!
꽁뜨 쥐스꺄 디쓰

무궁화 꽃이 피었습니다!
Un, deux, trois, soleil!
앙, 드, 트화, 쏠레이으

▪ 직역하면 '1, 2, 3, 태양!'이라는 말인데요. 우리말의 '무궁화 꽃이 피었습니다'처럼 프랑스 아이들에게 대중적인 놀이입니다.

[프랑스의 전화번호]
전화번호는 두 자리씩 끊어서 '01 45 65 98 73'로 표시해요. 읽을 때도 zéro un [제호 앙], quarante-cinq [꺄헝뜨-쌩끄], soixante-cinq [쓰와썽뜨-쌩끄]와 같이 두 자리씩 끊어서 읽어요.

10살이야.
J'ai dix ans.
제 디 정

케이크
gâteau(m)
갸또

생일
anniversaire(m)
아니베흐쎄흐

몇 살이야?
Tu as quel âge?
뛰 아 껠 라-쥬

남자아이
garçon(m)
갸흐쏭

시간 물어보기
03-03

지금 몇 시예요?
Quelle heure il est?
껠 뢰흐 일 레

Vous avez l'heure? [부 자베 뢰흐]는 시간을 묻는 표현이에요. 남자들이 맘에 드는 여성에게 말을 걸 때 이렇게 말하기도 합니다.

[이렇게 물어보기도 해요]
위 표현과는 다르게 Il est quelle heure? [일 레 껠 뢰흐]나 Quelle heure est-il? [껠 뢰흐 에-띨]이라고 물어볼 수도 있어요.

지금 3시예요.
Il est trois heures.
일 레 트화 죄흐
■ C'est … [쎄]가 아니라, Il est … [일 레]라는 표현을 써요.

지금 3시 10분입니다.
Il est trois heures dix.
일 레 트화 죄흐 디쓰
■ '○○분'이라고 말할 때는 시간 뒤에 분에 해당하는 숫자를 붙이세요.

지금 3시 10분 전입니다.
Il est trois heures moins dix.
일 레 트화 죄흐 므웽 디쓰
■ '○○분 전'이라고 말할 때는 moins [므웽]을 분 앞에 쓰세요.

지금 몇 시예요?
Vous avez l'heure?
부 자베 뢰흐

시계탑
tour de l'horloge(f)
뚜흐 드 로홀로쥬

연못
étang(m)
에떵

공원
parc(m)
빠흐끄

지금 몇 시인지 아세요?
Vous avez l'heure?
부 자베 뢰흐

네?
Pardon?
빠흐동

> 시간 말하기

지금은 3시 반이에요.
Il est trois heures et demie.
일 레 트화 죄흐 에 드미

모두가 그렇진 않지만 프랑스 사람들은 비즈니스 상황이 아닌 일상에서 시간에 엄격하지 않습니다. '8시에 와!'라고 말하면 8시 반 정도에 도착하는 경우도 종종 있습니다. 집에 초대받았을 때는 약간 늦게 가는 것이 매너라고 생각하기도 하지요. '15분쯤 후에 도착해!' J'arrive dans un quart d'heure! [쟈히브 덩 장 꺄흐 되흐]라고 하고는 30분이 넘게 걸리는 일도 많아요.

지금 3시 15분입니다.
Il est trois heures et quart.
일 레 트화 죄흐 에 꺄흐

지금 3시 15분 전입니다.
Il est trois heures moins le quart.
일 레 트화 죄흐 므웽 르 꺄흐
▌'15분 전'이라고 할 때는 quart 앞에 le가 들어가는 것을 기억하세요.

지금 정오입니다.
Il est midi.
일 레 미디

지금 밤 12시입니다.
Il est minuit.
일 레 미뉘이

(큰)시계
horloge(f)
오흘로쥬

시간, 때
temps(m)
떵

손목시계
montre(f)
몽트흐

날짜 물어보기 🔊 03-04

오늘 무슨 요일이에요?
On est quel jour?
오 네 껠 쥬흐

요일을 물을 때 쓰는 표현입니다. On [옹]은 '우리'라는 뜻의 구어로 nous [누]보다 허물없는 표현이에요. 동사 활용은 il [일]과 같습니다. on est [오 네] 대신에 nous sommes [누 쏨므]를 사용할 수도 있어요.

오늘은 월요일이에요.
On est lundi.
오 네 랑디

오늘은 며칠이에요?
On est le combien?
오 네 르 꽁비엥
▌날짜를 묻고 싶을 때는 '오늘이 몇 번째 날이에요?'란 의미로 이렇게 물어봅니다.

오늘은 5월 22일이에요.
On est le 22 mai.
오 네 르 벵뜨드 메
▌순서가 한국어와는 반대죠. '날짜, 월'의 순서로 말하세요. 날짜 앞에 le가 들어가는 것 기억하세요.

오늘은 2017년 5월 23일 화요일이에요.
On est le mardi 23 mai 2017.
오 네 르 마흐디 벵뜨트화 메 드밀디쎄뜨
▌'요일, 날짜, 월, 연도' 순으로 말합니다.

[지금은 몇 번째 달?]
프랑스어에서 월을 말할 때는 숫자로 말하지 않아요. 영어와 비슷하게 각 월마다 이름이 있지요. 우리 식으로 예를 들자면 '1월'을 '정월'이라고 말하는 것과 비슷해요. 그래서 서류에 숫자로 날짜를 써야 할 때는 손가락으로 순서를 세면서, Janvier [졍비에] Février [페브히에]…라고 말하다가 '아, ○번째 달이네!'라고 이해하고 그제서야 숫자로 표기하는 프랑스 사람도 있습니다. 참고로 2017년 5월 23일이라면 le 23/05/2017이나 le 23/05/17로 표기하기도 합니다.

오늘은 며칠이에요?
On est le combien?
오 네 르 꽁비엥

[요일]
월요일: lundi (m) [랑디]
화요일: mardi (m) [마흐디]
수요일: mercredi (m) [메흐크흐디]
목요일: jeudi (m) [쥬디]
금요일: vendredi (m) [벙드흐디]
토요일: samedi (m) [쌈디]
일요일: dimanche (m) [디멍슈]

| 날씨 말하기 1 |

날씨 좋지?
Il fait beau, hein?
일 페 보, 엥

날씨를 표현할 때는 il fait … [일 페]라는 표현을 사용합니다. 날씨는 대화를 시작하기 좋은 소재이지요. 이웃이나 가게 주인 등과 한 마디 대화를 하고 싶을 때 묻기 좋은 주제예요. 날씨 이야기를 하다보면 '오늘은 25도까지 올라갈 거야', '고향에서는 지금 계절엔 몇 도 정도예요?'라고 구체적인 숫자가 자주 등장해요.

[그렇지?]
hein [엥]은 '그렇지?'하고 동의를 구하는 느낌의 표현으로 문장 끝에 붙여 사용합니다. 예를 들면, C'est beau, hein? [쎄 보, 엥] '이거 예쁘다, 그렇지?', C'est bon, hein? [쎄 봉, 엥] '맛있다, 그렇지?'와 같이 사용할 수 있습니다.

춥네.
Il fait froid.
일 페 프흐와

덥네.
Il fait chaud.
일 페 쇼

덥지 않네.
Il fait pas chaud.
일 페 빠 쇼

따뜻하네.
Il fait bon.
일 페 봉

덱체어
transat(m)
트헝자트

파라솔
parasol(m)
빠하쏠

해변
plage(f)
쁠라-쥬

오랑지나 (오렌지맛 탄산 음료로 상표명이에요.)
Orangina
오헝쥐나

[햇볕이 너무 좋아]
프랑스 사람들은 햇볕을 정말 좋아해서 주름이나 기미가 생기는 것 따위는 신경도 쓰지 않아요. 하지만 시력 보호를 위해 선글라스는 반드시 착용한답니다.

날씨 말하기 2
03-05

고약한 날씨군!
Quel temps de chien!
껠 떵 드 쉬엥

직역하면 '개 같은(지독한) 날씨'라는 뜻이에요. 프랑스 사람들은 개를 무척 사랑하지만 chien은 나쁜 의미의 표현에 사용되는 일이 많아요. mourir comme un chien [무히흐 꼼 앙 쉬엥]은 직역하면 '개처럼 죽다'인데, 비참하게 죽는다는 것을 의미합니다. 그 외에도 mal de chien [말 드 쉬엥]은 '개의 아픔'이라는 뜻인데요, 이 표현도 지독한 고통을 의미해요. vie de chien [비 드 쉬엥]은 '개의 생활', 즉 '비참한 생활'을 말하죠.

날씨가 어쩜 이리 나쁠까!
Quel sale temps!
껠 쌀 떵

으 추워!
Ça caille!
싸 까이-으
▪ 구어 표현이에요.

의기소침해지네! 우울해지네!
Ça me déprime!
싸 므 데프힘(므)

지독한 더위네!
Quelle chaleur!
껠 샬뢰흐

비
pluie(f)
쁠뤼

우산
parapluie(m)
빠하쁠뤼

[파리지엥은 불평쟁이?]
프랑스 사람들은 더운 날엔 덥다고, 추운 날엔 춥다고 날씨 이야기를 합니다. '왜 늘 불평일까?'라고 오해할 수 있지만 다른 주제보다 날씨 이야기를 많이 하기 때문이지요.

지독한 날씨네….
Quel sale temps...
껠 쌀 떵

[파리의 거리에는…]
최근에는 그렇지 않지만, 과거에는 파리가 개똥밭이었답니다. 이걸 밟지 않고 걷는 기술을 익히면 진정한 파리지엔느가 된 거라고 하더군요.

전화하기 1

여보세요.
Allô.
알로

전화를 걸면 제일 먼저 듣는 말이지요. 영어의 Hello와 같은 표현이에요. 전화를 받을 때 '네, 여보세요'처럼 Allô, oui. [알로, 위]라고 말하기도 합니다. 잘 안 들릴 때는 '안 들려, 누구야?'라는 뉘앙스로 Allô allô! [알로 알로]라고 해보세요.

[전화는 두려워!]
전화통화는 상대방을 마주 보고 말하는 것보다 훨씬 어렵게 느껴지지요. 이럴 때는 전화하기 전에 하고 싶은 말을 미리 생각해두거나, 문장을 미리 만들어 외워두면 도움이 됩니다. 하지만 돌발상황이 발생할 수 있으니 '죄송해요. 지금 못 알아들었어요'라는 의미로 Excusez-moi, je n'ai pas compris. [엑쓰뀌제-므와, 쥬 네 빠 꽁프히]라고 말하세요. '내가 이해하지 못한 게 내 잘못만은 아니다'라고 생각하는 게 프랑스 스타일입니다. 주눅들지 마세요.

이자벨 부탁합니다.
Je voudrais parler à Isabelle.
쥬 부드헤 빠흘레 아 이자벨르
▌이자벨이 직접 전화를 받았다면 '전데요.' Oui, c'est moi [위, 쎄 므와]라고 대답해요.

지금 통화 괜찮아? 내가 방해한 거 아니야?
Je te dérange pas?
쥬 뜨 데헝쥬 빠
▌구어이기 때문에 ne를 생략해서 말할 수 있어요.

잘 안 들려.
Je t'entends mal.
쥬 떵떵 말
▌통화 음질이 좋지 않을 때는 이렇게 말하세요.

나중에 또 전화할게.
Je te rappelle plus tard.
쥬 뜨 하뻴 쁠뤼 따흐

지금 통화 괜찮아?
Je te dérange pas?
쥬 뜨 데헝쥬 빠

전화 박스
cabine téléphonique(f)
까빈 뗄레포니끄

물 웅덩이
flaque d'eau(f)
플라끄 도

레인 부츠
bottes de pluie(f)
보뜨 (드) 쁠뤼

전화하기 2

(끊지 말고) 기다리세요.
Ne quittez pas.
느 끼떼 빠

Tu [뛰]로 말하는 사이에는 Quitte pas! [끼뜨 빠]라고 하거나 '잠깐 기다려!'라는 의미로 Une seconde! [윈 스공드]라고 하세요. 프랑스에서는 회사나 상점에 전화를 했을 때 담당자를 연결해주더라도 용건까지 전달해주지 않기 때문에 담당자에게 처음부터 다시 설명해야 하는 일이 많습니다. 한참 설명을 했는데 '아, 그 건이라면 제가 아닙니다!' 하고 이리저리 전화를 돌리는 일도 자주 있어요.

[가지 마…]
비슷한 표현으로 Ne me quittez pas. [느 므 끼떼 빠]가 있습니다. me를 넣으면 '날 떠나지 말아요…, 헤어지지 말아요…'라는 뜻이 됩니다.

(그녀를) 바꿔 드릴게요.
Je te la passe.
쥬 뜰 라 빠쓰
■ '(그를) 바꿔 드리겠습니다'라고 말하고 싶다면 la [라] 대신 le [르]라고 하세요. 순간적으로 남녀를 판단하는 것이기 때문에 어렵긴 합니다.

누구세요?
Vous êtes…?
부 제뜨
■ '그쪽은요…?' 하고 상대방의 이름을 묻는 방법입니다.

(그녀는) 통화 중입니다.
Elle est en ligne.
엘 레 떵 린뉴
■ 집으로 온 전화에서는 자주 쓰지 않지만, 회사에서는 자주 쓰는 표현입니다.

(그는) 없습니다.
Il n'est pas là.
인 네 빠 라
■ 집에 있으면서 없는 척할 때도 이렇게 말해요.

전화
téléphone(m)
뗄레폰(느)

누구세요?
Vous êtes…?
부 제뜨

여보세요.
Allô.
알로

통화
communication téléphonique(f)
꼬뮈니까씨옹 뗄레포니그

스마트폰
smartphone(m)
스마흐트폰느

휴대전화
téléphone portable(m)
뗄레폰 뽀흐따블(르)

병원·약국

열이 있어요.
J'ai de la fièvre.
제 들 라 피에브흐

몸이 아프거나 다쳤을 때 프랑스어 표현을 몰라서 약을 사거나 치료를 받을 수 없다면 곤란하지요. 흔히 겪을 수 있는 증상에 대한 표현이나, 병원에서 일상적으로 하는 질문 내용을 미리 익혀두면 마음이 든든합니다.

기침이 나와요.
Je tousse.
쥬 뚜쓰

가려워요.
Ça me gratte.
싸 므 그하뜨

머리가 아파요.
J'ai mal à la tête.
제 말 알 라 떼뜨
▮ 요즘 프랑스에서는 업무의 긴장에서 갑자기 해방되면 생기는 '주말 두통'이 이슈랍니다.

속이 안 좋아요.
J'ai mal au cœur.
제 말 오 꾀흐
▮ '심장' cœur [꾀흐]라는 단어를 쓰지만 이 표현은 '속이 메슥거린다'라는 의미예요.

[또 돌리프란?]
프랑스에서는 paracétamol [빠하쎄따몰(르)]라는 해열진통제를 처방해주는 일이 많아요. 상품명은 Doliprane [돌리프란], Dafalgan [다팔겅] 등 다양합니다. 발열, 한기, 생리통, 치통, 요통… 등에도, 신생아부터 노인에게까지 연령이나 성별에 상관없이 이 약을 처방하곤 합니다. 그러나 모든 약이 그렇듯 복용하면 할수록 내성이 생겨 잘 듣지 않게 될 수도 있습니다. 그래서 프랑스 사람들끼리는 '내 두통, 이제 돌리프란으론 안 돼.'라고 말하는 사람도 있습니다.

열이 있어요.
J'ai de la fièvre.
제 들 라 피에브흐

약국
pharmacie(f)
파흐마씨

처방전
ordonnance(f)
오흐도넝쓰

약
médicament(m)
메디까멍

정제, 알약
comprimé(m)
꽁프히메

상태 말하기
03-07

피곤해요.
Je suis fatigué(e).
쥬 쒸 파띠게

이 표현은 '졸려'라고 말할 때도 사용합니다. '졸려요.' J'ai sommeil. [제 쏘메이]보다도 많이 쓰는 표현이에요. Je suis fatigué(e) de tout. [쥬 쒸 파띠게 (드) 뚜]는 직역하면 '모든 것에 지쳤다'는 말로 '다 싫어'라는 뉘앙스예요. Je suis fatigué(e) de toi. [쥬 쒸 파띠게 (드) 뜨와]는 '너한테 질렸어'라고 할 때 쓸 수 있어요. 옷이나 물건이 낡았다는 표현도 Elle est fatiguée. [엘 레 파띠게], Il est fatigué. [일 레 파띠게]라고 할 수 있습니다.

무기력해요.
Je me sens faible.
쥬 므 썽 페블르
▌'아무 것도 할 힘이 없다'라고 할 때 쓰세요.

너무 피곤해.
Je suis crevé(e).
쥬 쒸 크흐베
▌'완전히 녹초가 됐어'라는 의미의 구어예요.

한계야….
J'en peux plus…
졍 쁘 쁠뤼
▌'이 이상은 아무것도 못하겠어!'라는 뜻이에요.

그는 의기소침해 있어요.
Il est déprimé.
일 레 데프히메
▌의기소침해 있을 때, 그리고 우울한 상태에도 씁니다.

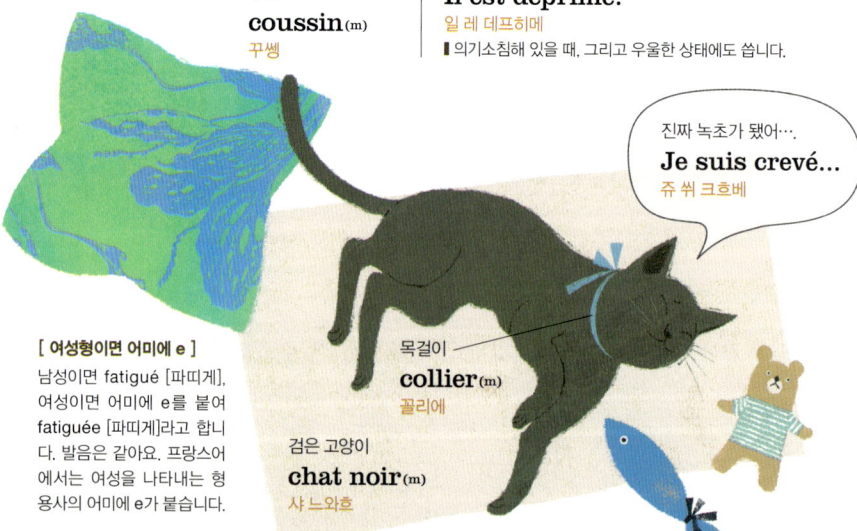

쿠션
coussin(m)
꾸쌩

[여성형이면 어미에 e]
남성이면 fatigué [파띠게], 여성이면 어미에 e를 붙여 fatiguée [파띠게]라고 합니다. 발음은 같아요. 프랑스어에서는 여성을 나타내는 형용사의 어미에 e가 붙습니다.

진짜 녹초가 됐어….
Je suis crevé…
쥬 쒸 크흐베

목걸이
collier(m)
꼴리에

검은 고양이
chat noir(m)
샤 느와흐

건강 표현하기

건강해요.
Je suis en forme.
쥬 쒸 정 포흠(므)

육체적으로 정신적으로 건강하다는 것을 뜻해요. 발음은 [쥬 쒸 정 포흠(므)]라고 해도 되고, [쥬 쒸 엉 포흠(므)]라고 해도 되지만 앞의 것이 원칙입니다. 이렇게 원래 발음되지 않는 맨 끝 자음이 그 뒤에 모음으로 시작하는 단어와 만나 발음되는 현상을 '리에종'이라고 합니다. 반드시 리에종하는 경우가 있는데요, 예를 들어 Vous êtes [부 제뜨]는 절대 [부 에뜨]라고 발음하지 않습니다. 그러나 많은 경우 Je suis en forme.처럼 어느 쪽이든 상관 없습니다.

[en]
en은 여러 가지 의미를 가지고 있는데, 여기서는 상태를 나타냅니다. Je suis en colère! [쥬 쒸 정 꼴레흐]는 '나는 화가 난 상태다'라는 뜻이고, Il est en retard. [일 레 떵 흐따흐]는 '그는 늦게 온다'는 의미로 직역하면 '그는 지각(지연) 상태다'라는 뜻입니다.

건강한(강한) 기분이야.
Je me sens fort(e).
쥬 므 썽 포흐(뜨)
▌자연 속에서 활력을 얻을 때, 아이를 출산했을 때 많이 쓰는 표현이에요.

기분이 좋아요.
Je me sens bien.
쥬 므 썽 비엥
▌잘 잤을 때, 병이 나았을 때 써요.

기운이 넘치는구나!
T'as la pêche!
딸 라 뻬슈
▌pêche는 원래 '복숭아'라는 뜻이지만, 힘이 넘쳐 보일 때 이렇게 말합니다.

안색이 좋네.
T'as bonne mine.
따 본(느) 민느
▌'건강해 보인다', '보기 좋게 탔네!'라는 의미도 돼요. 바캉스가 끝난 뒤에는 이렇게 말해보세요.

응, 오늘 기분이 좋아.
Oui, je me sens bien aujourd'hui.
위, 쥬 므 썽 비엥 오쥬흐뒤이

안색이 좋네.
Tu as bonne mine.
뛰 아 본(느) 민느

Part 3

특별한 날 03-08

즐거운 축제 보내세요!
Bonnes fêtes!
본(느) 페뜨

크리스마스나 1월 1일을 앞두고 있을 때에는 헤어질 때 이런 인사를 많이 주고 받습니다. 1월 1일은 단 하루뿐인 휴일이지만 잠깐이나마 휴가 기분을 느낄 수 있지요. 프랑스에서는 어머니의 날에 선물과 함께 Bonne fête, maman! [본(느) 페뜨, 마멍]이라고 하며 축하합니다. 이 날은 제법 나이가 지긋하신 아저씨들이 꽃다발을 들고 걷는 모습을 거리에서도 종종 볼 수 있어요.

메리 크리스마스!
Joyeux Noël!
쥬와이으 노엘

새해 복 많이 받아요!
Bonne année!
보 나네

즐거운 바캉스가 되길!
Bonnes vacances!
본(느) 바껑쓰
▌여름 휴가철이 다가오면 헤어질 때 꼭 하는 인사예요.

생일 축하해요!
Bon anniversaire!
보 나니베흐쎄흐

축복해!
À tes souhaits!
아떼 쑤에
▌재채기를 한 사람에게 이렇게 말하세요.

너도!
À toi aussi!
아 뚜와 오씨

고마워.
Merci.
멕씨

즐거운 바캉스 보내길!
Bonnes vacances!
본(느) 바껑쓰

팔찌
bracelet(m)
브하쓸레

[성인의 날]
과거에 프랑스에서는 반드시 성인(聖人) 캘린더(○월 ○일은 성○○의 날이라고 적혀 있음)에 실려 있는 성인들의 이름을 따라 아이의 이름을 지어야 했다고 합니다. 그래서 '니콜라'나 '뤽' 같은 비슷한 이름이 많다고 해요. 서류상으로 이 이름들을 구별하기 위해 '제2', '제3'이라고 붙이기도 하고, 성으로 구분하기도 했다고 합니다. 이런 이름에는 축일(예를 들어, '뤽'이라면 10월 18일)이 정해져 있어 그날이 되면 엄마가 Bonne fête! [본(느) 페뜨]라고 축하해준다고 하네요.

Part 4

쇼핑하기
Faire ses courses

자신의 취향이 분명하고 정말 마음에 드는 것만을
구입하는 파리지엔느의 쇼핑을 따라가 볼까요?

얼마예요?
C'est combien?
쎄 꽁비엥

원하는 물건을 가리키며 물어볼 때 쓰는 표현입니다. 카드로 지불할 때는 가게에 따라 이용할 수 있는 최저 금액이 정해져 있어요. 10유로나 15유로 이상만 카드를 받는 곳도 있습니다. 간혹 현금이 없을 때 카드로 소액 결제를 해주는 곳이 있긴 하지만, 현금을 미리 준비하는 것이 제일 좋은 방법이에요.

[10유로나 20유로 지폐가 유용해요!]
프랑스 사람들은 100유로 이상의 고액권을 잘 가지고 다니지 않습니다. 500유로짜리 지폐가 있지만 본 적조차 없다는 사람도 있어요. 작은 상점에서는 지불할 금액이 적을 때 고액권을 내면 싫어할 수도 있습니다.

(다 해서) 얼마예요?
Ça fait combien?
싸 페 꽁비엥
- 고른 것을 다 합쳐 얼마인지 물어볼 때 사용하세요.

10유로 아닌가요?
Ce n'est pas 10 euros?
스 네 빠 디즈호
- 표시된 금액과 다른 금액이 청구되는 일도 가끔 있어요.

카드로 지불하겠습니다.
Je vais payer par carte.
쥬 베 뻬이예 빠흐 까흐뜨
- 프랑스에서 많이 사용하는 카드는 CB [쎄베]라고 쓰여 있는 직불 카드, carte bleue [까흐뜨 블르]입니다.

계산대는 어디인가요?
Où est la caisse?
우 엘 라 께쓰
- 계산대에는 CAISSES [께쓰]라고 쓰여 있습니다.

점원 **vendeur, vendeuse** 벙되흐, 벙드즈

세일 **soldes**(m) 쏠드

의복, 옷 **vêtement**(m) 베뜨멍

진열대 **étalage**(m) 에딸라-쥬

손님, 고객 **client(e)** 끌리엉(뜨)

지불하기 2

14유로입니다.
Ça vous fait quatorze euros, s'il vous plaît.
싸 부 페 꺄또흐 즈호, 씰 부 쁠레

같은 의미지만 좀 더 간단하게 Quatorze euro, s'il vous plaît. [꺄또흐 즈호, 씰 부 쁠레]라고 말하는 경우도 많습니다. 간혹 정중함을 나타내는 s'il vous plaît를 빼고 숫자만 말하는 불친절한 계산대 점원도 있습니다만, 어느 나라나 상냥한 사람도 있고 투덜대는 사람도 있게 마련이니 너무 마음 쓰지는 마세요.

[거스름돈 계산은 덧셈으로]
프랑스 사람들은 거스름돈을 계산할 때 뺄셈이 아니라 덧셈으로 합니다. 12유로짜리 물건을 사고 20유로짜리 지폐를 내면 점원은 1유로를 꺼내 '이렇게 하면 13', 또 2유로를 꺼내 '이렇게 하면 15', 끝으로 5유로짜리 지폐를 더해 '자, 이렇게 20유로예요'라고 말해요. 덧셈으로 원래 돈을 맞추는 재밌는 방법이지요.

잔돈 없으세요?
Vous n'avez pas de monnaie?
부 나베 빠 드 모네

10상띰 있어요?
Vous avez 10 centimes?
부 자베 디 썽띰

■ 유로가 사용되기 전에는 잔돈의 단위가 centimes [썽띰]이었어요. 지금은 유로를 사용하고 유로 이하는 '쌍트'지만 아직도 centimes [썽띰]이라고 부릅니다.

지불은 어떻게 하시겠어요?
Vous réglez comment?
부 헤글레 꼬멍

■ 결제를 카드, 현금, 수표 중 무엇으로 할 건지 묻는 표현이에요. 프랑스에서는 수표를 사용하는 사람들이 꽤 많습니다.

5유로
cinq euros
쌩 꼬호

수표
chèque (m)
쉐꼬

지갑
portefeuille (m)
뽀흐뜨푀이-으

1유로
un euro
아 느호

10상띰
dix centimes
디 썽띰

신용 카드
carte de crédit (f)
꺄흐뜨드크헤디

2유로
deux euros
드 즈호

1상띰
un centime
앙 썽띰

옷 사기 1
04-02

그냥 보는 거예요.
Je regarde seulement.
쥬 흐갸흐드 쐴멍

가게에 들어가면 점원이 '도와드릴까요?' Je peux vous aider? [쥬 쁘 부 제데]라고 말을 걸며 다가옵니다. 이럴 때 점원에게 혼자 구경하고 싶다는 뜻으로 이렇게 말해 보세요.

[점원들의 대화가 끝날 때까지 기다리세요]
프랑스에서 관광객이 당황하는 일 중 하나는 점원들끼리 수다를 떨며 아무렇지 않게 손님을 기다리게 하는 것이라고 합니다. 대화에 넉살 좋게 끼어들 수 있다면 가장 좋은데요. 쉽지 않은 일이죠. 요즘은 글로벌 브랜드의 체인점이 많이 생겨 적극적인 응대가 프랑스 사람들 사이에서도 호평을 받고 있다고 합니다.

입어 봐도 되나요?
Est-ce que je peux essayer?
에-스 끄 쥬 쁘 에쎄이에
▌프랑스는 무슨 일이든 말로 하는 커뮤니케이션이 중요한 나라예요. 안 된다고 하는 일은 별로 없지만 먼저 양해를 구하는 말을 하는 게 예의랍니다.

피팅룸은 어디인가요?
Où est la cabine d'essayage?
우 엘 라 꺄빈 데쎄이야-쥬
▌H&M이나 유니클로에서는 피팅룸에 몇 벌을 가지고 들어가는지 표시된 패를 주기도 합니다.

거울은 어디 있나요?
Où est le miroir?
우 엘 르 미흐와흐
▌옷 가게인데도 거울이 많지 않은 곳이 있어요. 이럴 때 물어보세요.

세탁은 어떻게 하죠?
Ça se lave comment?
싸 쓸 라브 꼬멍

서점
librairie(f)
리브헤히

상점, 가게
boutique(f)
부띠끄

쇼윈도
vitrine(f)
비트힌느

옷 사기 2

이것보다 큰 사이즈는 없나요?
Vous avez la taille au-dessus?
부 자베 라 따이-으 오-드쒸

프랑스 사람들은 옷을 살 때 꼼꼼하게 입어보는 편입니다. 사이즈는 괜찮은지, 색상이 잘 맞는지, 티셔츠 한 장이라도 신중히 생각하는 사람들이 많습니다. 여러 벌을 입어 보면 귀찮은 내색을 하는 점원도 있지만 크게 신경 쓰지 마세요. 오히려 대충 보기만 하고 '이거 주세요'라고 말하면 점원이 놀라는 일도 있습니다.

이것보다 작은 사이즈는 없나요?
Vous avez la taille en dessous?
부 자베 라 따이-으 엉 드쑤

다른 색이 있나요?
Vous avez d'autres couleurs?
부 자베 도트흐 꿀리흐

이거 검은 색 있나요?
Vous l'avez en noir?
불 라베 엉 느와흐

원피스
robe(f)
호브

블라우스
chemisier(m)
슈미지에

목걸이
collier(m)
꼴리에

스카트
jupe(f)
쥡(쁘)

스카프
écharpe(f)
에샤흐쁘

재킷
veste(f)
베스뜨

발레슈즈, 플랫슈즈
ballerines(f)
발르힌느

옷 사기 3

04-03

저한테 어울려요?
Ça me va bien?
싸 므 바 비엥

싹싹한 점원을 만난다면 이렇게 조언을 구해보는 것도 좋아요. 애매해서 잘 모르겠다는 생각이 들 때는 점원이 해 주는 한 마디 '잘 어울려요!'라는 말로 구매욕이 생기는 법이죠. 하지만 그래도 확신이 서지 않는다면 '정말요?' Vraiment? [브헤멍]이라고 다시 물어보세요. 마음에 쏙 드는 것을 사야 후회가 없을 테니까요.

너무 작지 않아요?
Ce n'est pas trop petit?
스 네 빠 트호 쁘띠

저한테는 안 어울려요.
Ça me va pas.
싸 므 바 빠

별로 맘에 들지 않아요.
Je n'aime pas trop.
쥬 넴(므) 빠 트호
▮자신의 생각을 당당하게 표현하세요.

음, 잘 모르겠어요.
Hum, je ne sais pas trop.
윔, 쥬 느 쎄 빠 트호

아니요. 딱 맞아요.
Non, c'est parfait!
농, 쎄 빠흐페

너무 작지 않아요?
C'est pas trop petit?
쎄 빠 트호 쁘띠

피팅룸
cabine d'essayage(f)
까빈 데쎄이야-쥬

입어보다
Essayer
에쎄이에

커튼
rideau(m)
히도

매장
rayon(m)
헤이용

옷 사기 4

좀 생각해볼게요.
Je vais réfléchir.
쥬 베 헤플레쉬흐

이것저것 입어 봤지만 결정을 못했을 때 쓰는 표현이에요. 정말 생각하는 경우도 있겠지만 나가서 다른 곳을 둘러보고 싶을 때에도 쓰는 말입니다. Je vais voir [쥬 베 브와흐]도 비슷한 뜻인데요, 흥분해서 판단하기 어려워졌을 때는 이렇게 말하고 잠깐 생각할 시간을 갖는 게 좋지요.

[미안한 마음에 사진 마세요!]
프랑스에서는 여러 번 옷을 입어보고도 자신의 마음에 들지 않으면 굳이 사지 않고 나가는 경우도 많습니다. 미안한 마음에 뭐라도 사려는 생각은 잠깐 내려 놓으세요.

이거 주세요.
Je prends ça.
쥬 프헝 싸
▌살 때는 바느질 상태도 확인하고 흠은 없는지도 확인해야겠죠?

또 올게요.
Je reviendrai.
쥬 흐비엥드헤
▌꼭 다시 온다는 의미로 받아들이지 않아요. 가게를 나설 때는 이렇게 인사하세요.

이것 좀 따로 빼놔 주실 수 있나요?
Vous pouvez le mettre de côté?
부 뿌베 르 메트흐 드 꼬떼
▌안 되는 경우도 있지만 당장 구입할 수 없다면 확인 차 물어보세요.

또 오세요.
Merci, et à bientôt!
멕씨, 에 아 비엥또

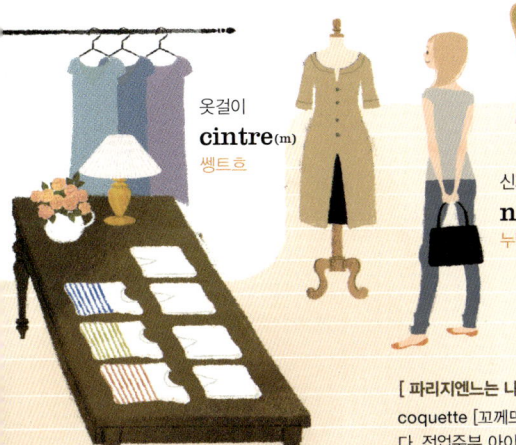

옷걸이
cintre(m)
쌩트흐

신제품
nouvelle collection(f)
누벨 꼴렉씨옹

계산대
caisse(f)
께쓰

[파리지엔느는 나이에 상관없이 coquette]
coquette [꼬께뜨]란 자신을 매력적으로 보이려고 노력하는 여성을 말합니다. 전업주부 아이 엄마라도 예쁘게 차려입고, 노부인도 H&M에서 젊은이들 사이에 섞여 '이거 어울려요?' 하며 자연스럽게 쇼핑하는 멋진 여성을 뜻하죠.

소품 가게 둘러보기

04-04

선물용으로 포장해주시겠어요?
Vous pouvez me faire un paquet-cadeau?
부 뿌베 므 페흐 앙 빠께 까도

프랑스에서 선물을 포장해달라고 하면, 선물을 돋보이게 하는 감각적인 센스로 놀랄 때가 많습니다. 하지만 포장이 마음에 들지 않을 때는 멋진 포장지를 직접 골라 정성스럽게 포장해보세요. 프랑스 사람들은 크리스마스 선물이나 생일 선물은 직접 포장하는 경우가 많아서 예쁜 포장지를 파는 곳이 정말 많습니다.

[맘에 들지 않을 때는 확실하게 말하세요.]
권하는 제품이 마음에 들지 않을 때는 확실하게 말하는 것도 쇼핑을 잘하는 요령이에요. 상대방을 배려해 애매한 태도를 보이면 원치 않는 물건을 계속 권하기도 합니다.

이거 새 제품 있나요?
Vous en avez un neuf?
부 저 나베 앙 뇌프
■ 진열된 제품을 바로 포장하려는 점원도 있으니 꼭 이렇게 물어보세요.

만져봐도 돼요?
Je peux toucher?
쥬 쁘 뚜쉐
■ 가게에 따라서는 함부로 만지지 못하도록 하는 곳도 있으니 먼저 허락을 구하는 것이 좋습니다.

어머니께 드릴 선물을 찾고 있어요.
Je cherche un cadeau pour ma mère.
쥬 쉐흐슈 앙 까도 뿌흐 마 메흐
■ 점원마다 성향이 다르지만 친절히 이것저것 조언해주기도 합니다.

정확히 제가 찾고 있는 것은 아니네요.
Ce n'est pas exactement ce que je cherche.
스 네 빠 에그작뜨멍 스 끄 쥬 쉐흐슈
■ 원치 않는 것을 사게 되는 일이 없도록 분명하게 말하세요.

상자
boîte (f)
브와뜨

선물
cadeau (m)
까도

비누
savon (m)
싸봉

물방울무늬의
à pois
아 쁘와

향수
parfum (m)
빠흐팡

줄무늬의
à rayures
아 헤위흐

| 보석 가게 둘러보기 |

(착용)해 봐도 돼요?
Puis-je essayer?
쀠–쥬 에쎄이에

보석상이나 악세서리 가게에서 유리 케이스 안에 있는 것을 꺼내 달라고 할 때 쓸 수 있는 유용한 표현이에요.

[내 개성을 어떻게 알았을까?]
보석상에서는 잘 어울린다는 말로 '이건 당신의 개성에 딱이에요!' Ça colle exactement à votre personnalité! [싸 꼴 에그작뜨멍 아 보트흐 뻬흐쏘날리떼]라는 표현을 많이 씁니다. 어떻게 내 개성을 알았는지 참 궁금한 일이지만, 개성을 중요하게 생각하는 프랑스 사람들을 이해할 수 있는 표현이지요.

지금 시즌의 제품인가요?
C'est la collection de cette saison?
쎌 라 꼴렉씨옹 드 쎄뜨 쎄종

소재가 뭐예요?
C'est en quoi?
쎄 떵 꾸와

은이에요?
C'est en argent?
쎄 떠 나흐정

정말 예쁘네요!
Il est vraiment beau!
일 레 브헤멍 보

정말 예쁘다!
Il est vraiment beau!
일 레 브헤멍 보

금
or(m)
오흐

은
argent(m)
아흐정

호사, 사치품
luxe(m)
뤽쓰

반지
bague(f)
바그

백금
platine(m)
쁠라띤느

다이아몬드
diamant(m)
디아멍

해 봐도 돼요?
Puis-je essayer?
쀠–쥬 에쎄이에

신발 가게 둘러보기

🔊 04-05

같은 걸로 38사이즈 있나요?
Vous avez la même mais en 38?
부 자베 라 멤므 메 엉 트헝뜨위뜨

프랑스에서는 우리나라와 달리 보통 유럽 사이즈라고 부르는 신발 사이즈가 통용됩니다. 본인의 사이즈를 모를 때는 요청하면 사이즈를 재 줍니다. 참고로 38사이즈는 우리나라 사이즈로 240~245예요.

[아기도 신발은 필수]
프랑스에서는 걷지 못하는 아기라도 양말만 신긴 것을 보면 지나가던 할머니가 '오랄라~ 신발을 신겨야죠!'라고 말합니다. 우리나라와는 달리 집안에서도 신발을 신고 생활하기 때문인 것 같습니다.

여기가 아파요.
Ça me fait mal, là.
싸 므 페 말, 라
▮ là [라]라고 말하면서 아픈 곳을 가리키세요.

진짜 가죽인가요?
C'est du vrai cuir?
쎄 뒤 브헤 뀌흐

제 사이즈를 몰라요.
Je connais pas ma pointure.
쥬 꼬네 빠 마 쁘웽뛰흐

제 사이즈 좀 재 주시겠어요?
Vous pouvez prendre ma pointure?
부 뿌베 프헝드흐 마 쁘웽뛰흐

신발
chaussure(s) (f)
쇼쒸흐

(신발) 사이즈
pointure (f)
쁘웽뛰흐

검정
noir
느와흐

하이힐
escarpin(s) (m)
에쓰까흐뺑

빨강
rouge
후쥬

꽃 사기

꽃다발
bouquet(m)
부께

이거랑 이걸로 꽃다발을 만들어 주시겠어요?
Vous pouvez me faire un bouquet avec ça et ça?
부 뿌베 므 페흐 앙 부께 아벡 싸 에 싸

프랑스에서는 다른 사람의 집에 놀러 갈 때 꽃다발을 자주 선물합니다. 축하할 일이 있을 때도 꽃을 사지요. 파리의 꽃집에서는 남자가 여자친구나 아내, 어머니를 위한 선물로 꽃을 사는 모습도 자주 볼 수 있답니다. 꽃집마다 특색이 있어요. 색다르고 센스 있는 꽃다발을 만들어주는 곳도 있고, 싸고 싱싱한 꽃이 장점인 곳도 있습니다.

[부케를 든 남자]
어머니의 날이나 발렌타인데이가 되면 꽃다발을 들고 길을 걷는 남자들을 자주 마주치게 됩니다. 멋진 꽃다발을 들고 있다면 모르는 사이라도 '그 꽃다발 어디에서 만들었나요?'하고 묻기도 해요.

이거 오래 가나요?
Ça va tenir longtemps?
싸 바 뜨니흐 롱떵
▌꽃 살 때 자주 물어볼 수 밖에 없는 표현이죠!

좀더 싱싱한 것 없나요?
Vous en avez de plus fraîche?
부 저 나베 드 쁠뤼 프헤슈
▌단골손님이 아니면 시든 꽃을 파는 일도 있으니 한번쯤 이렇게 확인해보세요.

이 꽃은 이름이 뭐예요?
Comment ça s'appelle cette fleur?
꼬멍 싸 싸뻴(르) 쎄뜨 플뢰흐

물을 많이 줘야 하나요?
Il faut leur donner beaucoup d'eau?
일 포 뢰흐 도네 보꾸 도

장미
rose(f)
호즈

칼라
calla(m)
꺌라

꽃
fleur(f)
플뢰흐

미모사
mimosa(m)
미모자

화장품 가게 둘러보기

04-06

천연 원료로 만든 제품을 찾고 있어요.
Je cherche un produit naturel.
쥬 쉐흐쓔 앙 프호뒤 나뛰헬

요즘 프랑스에서도 천연 화장품이 유행이라 슈퍼마켓에서도 쉽게 '천연'을 내세우는 BIO [비오] 화장품을 살 수 있습니다. 하지만 백 퍼센트 천연성분이 아닌데도 천연이라고 광고하는 화장품도 꽤 많으니 꼼꼼하게 확인하고 구입하는 게 좋아요.

어디에 있는지 아세요?
Vous savez où ça se trouve?
부 싸베 우 싸 쓰 투후브
▪ 제품을 잘 찾지 못할 때는 점원에게 물어보세요.

록시땅이라는 거 있어요?
Vous avez un produit qui s'appelle L'Occitane?
부 자베 앙 프호뒤 끼 싸뻴 록시딴느
▪ 점원마다 다르겠지만 대부분 친절하게 알아봐줍니다.

알레르기 피부용 있나요?
Vous avez des produits hypoallergéniques?
부 자베 데 프호뒤 이뽀알레흐쥬니끄
▪ 화장품에 알레르기가 있어서 눈이 충혈되거나 피부가 가려워지는 사람을 위한 화장품이 따로 있습니다

미백 상품은 없나요?
Avez-vous des produits blanchissants?
아베-부 데 프호뒤 블렁쉬썽
▪ 여름에 그을린 피부를 더 선호하는 프랑스에서는 미백 상품이 많지 않습니다. 프랑스 사람들은 기미도 크게 신경 쓰지 않아요.

화장용
cosmétique
꼬쓰메띠끄

화장수
lotion(f)
로씨옹

클렌징
démaquillant(m)
데마끼영

크림
crème(f)
크렘(므)

서점 둘러보기

'향수'라는 책을 찾고 있는데요.
Je cherche un livre qui s'appelle Le Parfum.
쥬 쉐흐슈 앙 리브흐 끼 싸뻴 르 빠흐팡

프랑스의 서점에 가면 책에 대해 잘 알고 있는 직원을 많이 만납니다. 전자제품 매장과는 다른 모습인데요. 책 제목을 알고 있다면 바로 찾아달라고 부탁할 수도 있고, 어떤 책을 읽고 싶은지 말하면 이것저것 추천해주기도 합니다. 서점에서는 점원과 이야기하는 것이 책을 사는 데 큰 도움이 되지요. 좋아하는 분야에 대해서 물어보면서 대화를 나눠보세요.

요리책 코너는 어디인가요?
C'est où le rayon des livres de cuisine?
쎄 우 르 헤이용 데 리브흐 드 퀴진느

뭔가 추천해주시겠어요?
Vous pouvez me conseiller quelque chose?
부 뿌베 므 꽁쎄이예 껠끄 쇼즈

이것을 들어볼 수 있나요?
Je peux l'écouter?
쥬 쁘 레꾸떼

선물인가요?
C'est pour offrir?
쎄 뿌흐 오프히흐

요리책 하나 추천해주시겠어요?
Vous pouvez me conseiller un livre de cuisine?
부 뿌베 므 꽁쎄이예 앙 리브흐 드 퀴진느

취미
loisirs
르와지흐

문학
littérature
리떼하뛰흐

실용
vie pratique
비 프하띠끄

아동 서적
livres pour enfants
리브흐 뿌흐 엉펑

만화
bandes dessinées (BD)
벙드 데씨네 (베데)

슈퍼마켓에서 장보기

연어 있어요?
Vous avez du saumon?
부 자베 뒤 쏘몽

익숙하지 않은 곳에서는 원하는 것을 찾는 데도 시간이 걸리는 법이죠. 쇼핑을 즐길 만한 시간이 있을 때는 괜찮지만, 바쁘다면 주변에 보이는 점원에게 이렇게 물어보세요. 단, 입구 근처에 서 있는 체격이 좋은 남자는 경비원이기 때문에 제품이 어디 있는지는 잘 모르는 경우가 많아요.

[이 가격 잘못됐어요!]
표시된 금액보다 비싸게 계산되는 일도 종종 있어요. 주로 계산대에 등록된 가격이 진짜고 진열장에 표시한 가격이 잘못된 경우가 많아요. 이때는 규정상 진열장에 표시된 가격으로 계산해줍니다. 이미 지불한 경우에는 환불해주기도 해요. 단, 항의하기 위해는 줄을 서야 하거나 시간이 걸린다는 점은 미리 알아두세요.

좀 도와주시겠어요?
Vous pourriez m'aider?
부 뿌히에 메데

■ 손이 닿지 않는 높은 곳에 진열된 상품을 사고 싶을 때 쓸 수 있습니다. 가끔은 쇼핑 오신 할머니가 이렇게 부탁하기도 해요.

가격을 알고 싶은데요.
J'aimerais bien connaître le prix.
졔므헤 비엥 꼬네트흐 르 프히

5유로라고 쓰여 있었는데요.
J'ai vu que c'était 5 euros.
졔 뷔 끄 쎄 쌍끄 으호

계산대에서 무게를 재나요?
On les pèse à la caisse?
옹 레 뻬즈 알 라 께쓰

■ 야채나 과일을 살 때는 필요한 만큼 담아 저울에 달고 가격이 찍힌 스티커를 붙여서 계산대로 가져가면 됩니다. 야채 코너에 저울이 없다면 그냥 계산대로 가져가세요. 바로 무게를 재서 계산해줍니다.

쿠키 **gâteau sec**(m) 갸또 쎽
우유 **lait**(m) 레
홍차 **thé** 떼
양파 **oignon**(m) 오뇽
피클 **cornichon**(m) 꼬흐니쏭
참치 **thon**(m) 똥

반품하기

이게 작동하지 않아요.
Ça ne marche pas.
싸 느 마흐슈 빠

전자제품이 초기에 불량인 경우는 어디서나 있는 일이죠. 하지만 프랑스에서는 주의할 점이 있는데요. 영수증이 있어도 제품이 들어 있던 상자가 없으면 교환은 안 되고, 수리만 가능합니다. 그래서 쓸 수 있는지 충분히 확인하고 난 후 포장 상자를 버리는 것이 좋습니다.

[전자제품은 매장에서 구입해요.]
전자제품은 인터넷으로 사는 편이 싸지만, 고장이 났을 때를 대비해 보증이 되는 매장에서 사야 안심할 수 있습니다. 의외로 고장나는 경우가 많거든요. 부피가 큰 전자제품이 고장 났을 때는 수리기사가 직접 방문해서 수리해줍니다. 단, 시간이 꽤 걸릴 수 있으니 마음의 여유를 갖고 기다리세요.

어제 샀는데요.
Je l'ai acheté hier.
쥴 레 아슈떼 이예흐

영수증 여기 있어요.
Voilà, la facture.
브왈라, 라 팍뛰흐
■ 영수증도 꼭 필요해요.

이거 바꿔 주실 수 있나요?
Pourriez-vous le changer?
뿌히에-부 르 성줴
■ 수리 시간이 꽤 걸리니 되도록 교환을 요청하세요.

환불받을 수 있을까요?
Vous pouvez me rembourser?
부 뿌베 므 헝부흐쎄
■ 시스템이 잘 갖춰진 매장에서는 환불해주지만 그렇지 않으면 애를 먹는 경우가 있어요.

이거 교환해주실 수 있나요?
Pourriez-vous le changer?
뿌히에-부 르 성줴

안 됩니다.
Je ne peux pas.
쥬 느 쁘 빠

수리
réparation(f)
헤빠하씨옹

영수증
facture(f)
팍뛰흐

환불
remboursement(m)
헝부흐쓰멍

클레임
réclamation(f)
헤클라마씨옹

벼룩시장 둘러보기 04-08

저한테는 좀 비싸요.
C'est un peu cher pour moi.
쎄 앙 쁘 쉐흐 뿌흐 므와

벼룩시장에서 흥정할 때 가장 많이 쓰는 표현이죠. [앙(땅)]은 리에종을 해도, 하지 않아도 괜찮습니다. 벼룩시장은 보는 것만으로도 즐거운 곳이지만 판매하는 사람들과 이야기를 해보면 또 다른 즐거움이 있습니다. '이 물건은 어느 시대에 어떤 식으로 사용됐었다'는 설명을 들을 수도 있어요.

좋네요.
J'aime bien.
젬(므) 비엥

이거 예쁘네요!
C'est beau, ça!
쎄 보, 싸
▪ 판매하는 사람과 대화를 시작하기 좋은 표현이죠.

얼마예요?
C'est combien?
쎄 꽁비엥

전혀 비싸지 않네요. 왜죠?
C'est pas cher du tout. Pourquoi?
쎄 빠 쉐흐 뒤 뚜, 뿌흐꾸와
▪ 예상보다 저렴한 물건도 많아요. 어떻게 대답할지는 모르지만 궁금할 땐 이렇게 물어보세요.

[오래된 물건의 가치]
벼룩시장이 인기 있는 이유는 오래된 물건을 집에 두고 싶어하는 사람이 많기 때문이죠. 집안 대대로 내려오는 가구나 물건들을 소중히 보관하는 문화가 있어서 오래된 물건을 소중하게 여깁니다. 기존에 있는 고가구에 맞춰 새로운 가구들을 조합해 나가는 것이 프랑스 스타일이에요.

벼룩시장
marché aux puces(m)
마흐쉐 오 쀡쓰

새장
cage(f)
꺄-쥬

접이식 사다리
escabeau(m)
에쓰꺄보

낡은, 오래된
ancien(ne)
엉씨엥(엔느)

(큰) 조명 스탠드
lampadaire(m)
렁빠데흐

7유로에 팔게요.
Je vous la fais 7 euros.
쥬 불 라 페 쎄 뜨호

이거 얼마예요?
C'est combien ça?
쎄 꽁비엥 싸

칠판
tableau(m)
따블로

벼룩시장에서 흥정하기

깎아 주실 수 있어요?
Vous pouvez me faire un prix?
부 뿌베 므 페흐 앙 프히

벼룩시장에서는 흥정을 감안해서 가격이 대체로 높게 매겨집니다. 그래서 가격을 듣고 '음~, 좀 비싼데, 어떻게 하지'하고 망설이거나 그냥 가려고 하면 '그럼 ○○유로만 줘요!'라고 하고 이내 깎아 줍니다. 이게 벼룩시장의 묘미죠.

3개에 10유로는 어때요?
10 euros les 3?
디 즈호 레 트화
▌한 개에 4유로짜리 물건이라면 이렇게 말해서 조금 깎아보세요.

그거면 좋아요.
Oui, ça me va.
위, 싸 므 바
▌금액이 괜찮다면 이렇게 말하고 합의합니다.

됐습니다. 죄송해요.
Non, désolé(e).
농, 데졸레
▌흥정했어도 가격이 마음에 들지 않을 땐 이렇게 말하고 자리를 뜨세요.

3개에 10유로는 어때요?
10 euros les 3?
디 즈호 레 트화

저울
balance(f)
발렁쓰

물병, 피처
pichet(m)
삐쎼

멋있다!
C'est beau ça!
쎄 보 싸

Part 5

미식가의 천국
Restez gourmand!

오늘밤은 어느 레스토랑으로 갈까요?
눈과 입이 즐거운 프랑스 요리를 즐겨봅시다.

예약하기
05-01

두 명 예약하고 싶습니다.
Je voudrais réserver une table pour deux personnes.
쥬 부드헤 헤제흐베 윈 따블르 뿌흐 드 뾔흐쏜느

프랑스의 저녁식사 시간은 우리나라에 비하면 조금 늦습니다. 레스토랑도 8시쯤에 본격적으로 영업을 시작하고, 8시에서 9시 사이에 가장 붐비죠. 조금 늦거나 예약을 하지 않으면 '9시부터나 자리가 있어요'라는 얘기를 듣습니다. 조금 늦었다면 가게 카운터에서 아페리티프(식전주) 한 잔 마시면서 대화를 나누며 기다리세요.

[줄 서는 프랑스인]
인기 레스토랑은 미리 예약하는 것이 좋아요. 개중에는 예약을 받지 않아, 주말 밤마다 가게 앞에 장사진을 이루고 있는 곳들도 있습니다. 하지만 차가운 날씨에도 의외로 불평 없이 수다를 떨며 즐겁게 줄을 서는 사람들이 많습니다.

오늘 저녁입니다.
Pour ce soir.
뿌흐 스 쓰와흐

▪ 특히 주말에는 인기 많은 레스토랑은 만석일 때가 많아요. 미리 예약을 하는 것이 좋습니다.

8시요.
À huit heures.
아 위 뙤흐

마담 김입니다.
C'est Madame KIM.
쎄 마담 김

▪ 예약할 때 한국 이름은 익숙치 않아 몇 번이고 되묻거나 전혀 다른 이름으로 기록하는 일이 많아요. 간단히 성만 남기는 것도 방법입니다.

만석입니다.
C'est complet.
쎄 꽁쁠레

예약했는데요.
J'ai réservé une table.
제 헤제흐베 윈 따블르

이름을 여쭤봐도 될까요?
Puis-je avoir votre nom, s'il vous plaît?
쀠–쥬 아브와흐 보트흐 농, 씰 부 쁠레

입구
entrée(f)
엉트헤

드레스 코드
code vestimentaire(m)
꼬드 베스띠멍떼흐

레스토랑
restaurant(m)
헤스또헝

비스트로
bistro(m)
비스트호

선술집
brasserie(f)
브하쓰히

예약
réservation(f)
헤제흐바씨옹

| 자리에 앉기 |

세 명입니다.
On est trois.
오 네 트화

상들리에
lustre(m)
뤼스트흐

예약하지 않았을 때는 이런 식으로 말하면서 레스토랑에 들어갑니다. 손가락 세 개를 세우는 것도 정석이죠. 이전에는 금연석인지 흡연석인지도 물었지만 지금은 매장 전체가 금연입니다 (테라스 자리에서는 아직 흡연이 가능합니다). 기본적으로 담당자가 자리를 안내해주므로 마음대로 들어가 앉지 않는 것이 좋습니다.

테라스 자리로요.
En terrasse.
엉 떼하쓰
▌따뜻한 계절에는 단연 테라스 자리가 인기입니다. 겨울에도 앉을 수 있도록 위에 스토브가 달려 있는 테라스 자리도 있습니다.

실내로요.
À l'intérieur.
알 렝떼히외흐

자리를 바꿔도 될까요?
On peut changer de place?
옹 쁘 셩쥐 드 쁠라쓰
▌자리가 좁거나 맘에 들지 않을 때 써보세요.

외풍이 들어오는데요.
Il y a un courant d'air.
일 리 아 앙 꾸헝 데흐
▌바람이 많이 들어오는 자리라면 이렇게 말하세요.

[엄지부터 셉니다!]
프랑스에서는 손가락으로 숫자나 순서를 셀 때 엄지, 검지, 중지, 약지, 새끼손가락 순서로 세워요. 예를 들면, 세 번째라고 할 때는 엄지를 세우며 첫째, 검지를 세우며 둘째, 중지를 세우며 셋째라고 말해요. 우리 식으로 해도 통하긴 하지만 프랑스 스타일로 순서를 세어 보세요. 숫자를 셀 때도 마찬가지입니다.

안녕하세요.
Bonsoir.
봉쓰와(흐)

이쪽으로 오세요.
Par ici, s'il vous plaît.
빠흐 이씨, 씰 부 쁠레

웨이터
serveur(m)
쎄흐뵈흐

와인 글래스
verre à vin(m)
베흐 아 뱅

식탁보
nappe(f)
나쁘

메뉴 보기
05-02

메뉴 좀 볼 수 있을까요?
Puis-je voir la carte, s'il vous plaît.
쀠-쥬 브와흐 라 꺄흐뜨, 씰 부 쁠레

자리에 앉은지 한참 됐는데도 메뉴판을 주지 않는 경우도 있어요. 그럴 때는 이 표현을 써보세요. 또한 매장 안 칠판에 메뉴를 직접 써놓은 곳도 있고 때로는 칠판째 들고 오는 경우도 있는데요, 칠판에 쓴 글씨는 읽기 어려울 수도 있어요. 참고로 프랑스에서는 물이나 물수건을 먼저 주지 않아요. 주문을 하면 물이나 음료를 가져다 줍니다.

이곳의 특별 요리는 뭔가요?
Quelle est la spécialité de la maison?
껠 레 라 스뻬씨알리떼 들 라 메종

▌프랑스에서는 '추천해주실 메뉴가 있나요?'라고 묻는 것보다 '이 가게에서 자랑할 만한 요리는 무엇인가요?'라는 질문을 더 많이 합니다.

저쪽 여자분이 먹고 있는 것은 뭔가요?
Quel est le plat que cette dame a pris?
껠 레 르 쁠라 끄 쎄뜨 담므 아 프히

▌다른 사람들이 먹는 메뉴가 궁금할 때 이렇게 물어볼 수 있어요.

실례지만, 지금 드시고 있는 게 뭔가요?
Excusez-moi, c'est quel plat que vous avez pris?
엑쓰뀌제-므와, 쎄 껠 쁠라 끄 부 자베 프히

▌옆자리에 앉은 사람이 이렇게 묻기도 합니다.

[menu는 '정식']
프랑스어에도 '메뉴' menu [므뉴]라는 말은 있지만, 이 단어는 '정식'이나 '코스라는 뜻입니다. 그래서 '메뉴(menu) 주세요'라고 말하면 오늘의 정식이 나올 수 있어요. 프랑스어로 레스토랑의 메뉴(판)는 '카드'라는 뜻의 carte [꺄흐뜨]라는 것을 꼭 알아두세요.

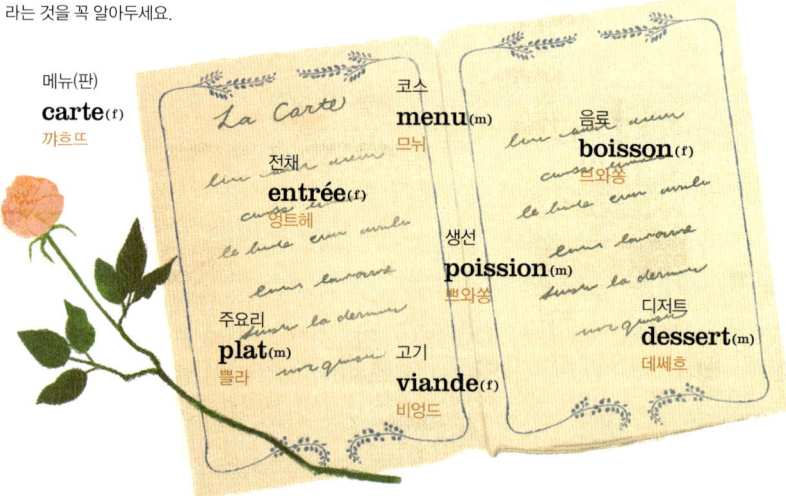

메뉴(판)
carte(f)
꺄흐뜨

코스
menu(m)
므뉴

음료
boisson(f)
브와쏭

전채
entrée(f)
엉트헤

생선
poission(m)
쁘와쏭

디저트
dessert(m)
데쎄흐

주요리
plat(m)
쁠라

고기
viande(f)
비엉드

> 메뉴 읽기

오늘의 런치 세트(코스)는 뭔가요?
C'est quoi le menu de midi?
쎄 꾸와 르 므뉴 드 미디

코스 요리는 '전채' Entrée [엉트헤], '메인 음식' Plat [쁠라], '치즈' Fromage [프호마-쥬] (치즈는 생략되는 경우도 많아요), '디저트' Dessert [데쎄흐], '커피' Café [꺄페] 순서로 나옵니다. 집에 초대받았을 때도 비슷하고, 학교 급식도 '전채-메인-치즈-디저트'로 네 종류가 갖추어 나와요. '전채+메인 음식'이나 '메인 음식+디저트'만 있는 가벼운 메뉴만 취급하는 가게도 있습니다. 보통 와인, 생수, 커피와 같은 음료는 별도로 요금을 받습니다.

전채는 필요 없어요.
Je ne prends pas d'entrée.
쥬 느 프헝 빠 덩트헤
■ 메인 음식만으로 음식이 충분할 때는 이렇게 말하세요. 요즘 프랑스에서는 가볍게 식사하는 사람들이 늘어나고 있어요.

모둠 치즈 있나요?
Vous auriez un plateau de fromages?
부 조히에 앙 쁠라또 드 프호마-쥬
■ 모둠 치즈를 주문하면 다양한 종류의 치즈를 맛볼 수 있어요.

음료는 세트에 포함돼 있나요?
La boisson est comprise dans le menu?
라 브와쏭 에 꽁프히즈 덩 르 므뉴
■ 세트에 음료가 포함된 경우도 있으니 확인하세요.

곁들인 요리
garniture(f)
갸흐니뛰흐

로스트비프
rosbif(m)
호스비프

당근
carotte(f)
꺄호뜨

강낭콩
haricot vert(m)
아히꼬 베흐

소스
sauce(f)
쏘쓰

샐러드
salade(f)
쌀라드

커피
café(m)
꺄페

브리 치즈
brie(m)
브히

블루 치즈
bleu(m)
블르

까망베르
camembert(m)
꺄멍베흐

치즈
fromage(m)
프호마-쥬

주문하기
05-03

이걸로 할게요.
Je vais prendre ça.
쥬 베 프헝드흐 싸

웨이터가 '정하셨어요?'라는 뜻으로 Vous avez choisi? [부 자베 슈와지]라고 물으면 Oui. [위]라고 대답하고 메뉴에서 주문하고 싶은 것을 가리키며 이렇게 말하세요. 아직 정하지 않았다면 '아니요, 아직이에요.' Non, pas encore. [농, 빠 정꼬흐]라고 말하면 됩니다. 프랑스에서 손을 들어 웨이터를 부를 때는 보통 검지를 세웁니다. 학교에서 선생님의 질문에 대답할 때도 검지를 들어 표시해요.

주문해도 될까요?
On peut commander?
옹 쁘 꼬멍데
▪ 기다려도 주문받으러 오지 않을 때, 웨이터를 불러 이렇게 말하세요.

벌써 주문했어요.
On a déjà commandé.
오 나 데자 꼬멍데
▪ 반대로, 주문을 했는데 다른 웨이터가 주문을 받으러 왔을 때 쓰는 말이에요.

저기 계신 분과 같은 걸로 주세요.
Je voudrais le même plat que ce monsieur, s'il vous plaît.
쥬 부드헤 르 멤므 쁠라 끄 쓰 므씨으, 씰 부 쁠레
▪ 프랑스어로 된 메뉴를 읽어도 잘 모르겠다면, 다른 사람이 먹는 것과 같은 걸 달라고 할 수 있어요.

샴페인
champagne(m)
성빤뉴

얼음통, 샴페인 쿨러
seau à glace(m)
쏘 아 글라쓰

샴페인 잔
flûte(f)
플뤼뜨

촛대
chandelier(m)
성들리에

저기요, 실례합니다.
Monsieur, s'il vous plaît.
므씨으, 씰 부 쁠레

네, 정하셨나요?
Oui, vous avez choisi?
위, 부 자베 슈와지

식전 주
apéritif(m)
아뻬히띠프

주문
commande(f)
꼬멍드

[**잠깐만요**]
'잠깐만 기다려요'라고 할 때도 Une seconde [윈 스공드]라는 뜻으로 검지 손가락을 세우는 제스처를 하기도 합니다. 직역하면 '1초만요'라는 뜻이죠.

요청하기

제가 주문한 것이 아직 안 나왔는데요.
Je n'ai pas encore eu mon plat.
쥬 네 빠 정꼬흐 위 몽 쁠라

드물지만 실수로 주문을 놓치는 경우가 있어요. 프랑스에서는 같은 테이블에 있는 사람에게는 동시에 요리를 줍니다. 그런데 일행의 음식이 다 나왔는데 자기 음식만 안 나오고, 곧 가지고 온다는 얘기도 없을 때는 잠깐 기다렸다가 더 늦기 전에 확인해 보는 게 좋아요.

[당당하게 요청하세요]
요리가 마음에 들지 않을 때는 원하는 굽기나 온도를 다시 요청하세요. 고기의 굽기 정도는 '레어' saignant [쎄녕], '미디엄' à point [아 쁘웽], '웰던' bien cuit [비엥 뀌]라고 표현해요.

이건 제가 주문한 것이 아닌데요.
Ce n'est pas ce que j'ai commandé.
스 네 빠 스 끄 제 꼬멍데

좀 더 구워주시겠어요?
Vous pouvez le cuire encore un peu, s'il vous plaît?
부 뿌베 르 뀌흐 엉꼬흐 앙 쁘, 씰 부 쁠레
▎웨이터가 음식을 가져가서 다시 구워다 줍니다.

너무 구워졌어요.
C'est trop cuit.
쎄 트호 뀌
▎고기가 주문한 것보다 더 구워졌을 때 이렇게 말하세요.

차가워요.
C'est froid.
쎄 프흐와

건배!
Santé!
썽떼

곧 가져오겠습니다.
Je vous l'apporte tout de suite.
쥬 부 라뽀흐뜨 뚜 (드) 쒸이뜨

아직 제가 주문한 것이 안 나오네요.
Je n'ai pas encore eu mon plat.
쥬 네 빠 정꼬흐 위 몽 쁠라

[건배사]
santé [썽떼]는 '건강'이라는 뜻이에요. 보통은 '당신의 건강을 위하여!' À la vôtre santé! [알 라 보트흐 썽떼]라고 하며 건배합니다. 줄여서 À la vôtre! [알 라 보트흐]라고도 하고 친한 사이라면, '너의 건강을 위해!' À la tienne! [알 라 띠엔느]라고 말합니다.

추가 요청하기 05-04

빵 좀 주세요.
Du pain, s'il vous plaît.
뒤 뺑, 씰 부 쁠레

빵은 대부분의 요리에 딸려 나와요. 심지어 파스타를 시켜도 빵과 함께 줍니다. 빵이 나오지 않았다면 이렇게 부탁해보세요. 그리고 빵은 더 달라고 할 수도 있으니까 다 먹었을 때도 이렇게 말하세요. 빈 빵 바구니를 웨이터에게 보여주기만 해도 알아서 갖다줍니다.

소금과 후추 주세요.
Le sel et le poivre, s'il vous plaît.
르 쎌 엘 르 쁘와브흐, 씰 부 쁠레

머스터드 주세요.
De la moutarde, s'il vous plaît.
들 라 무따흐드, 씰 부 쁠레

물 주세요.
Une carafe d'eau, s'il vous plaît.
원(느) 까하프 도, 씰 부 쁠레
▌여기서 물은 '수돗물'을 뜻해요. 수돗물은 무료로 제공되는데요, 파리에서는 수돗물을 마시는 게 일반적이지만 원치 않으면 생수를 주문하세요.

케첩 주세요.
Du ketchup, s'il vous plait.
뒤 께첩, 씰 부 쁠레
▌웨이터에게 부탁하면 가져다 줍니다. 보통은 감자튀김 같은 요리를 시켰을 때 요청해요.

빵
pain(m)
뺑

접시
assiette(f)
아씨에뜨

나이프
couteau(m)
꾸또

냅킨
serviette(f)
쎄흐비에뜨

포크
fourchette(f)
푸흐쉐뜨

> 와인 주문하기

어떤 것을 추천해주시겠어요?
Qu'est-ce que vous me conseillez?
께-스 끄 부 드 꽁쎄이예

프랑스는 '와인의 나라'라는 명성답게 와인을 많이 마셔요. 특히 레스토랑에는 식사와 함께 마시는 와인 리스트가 따로 구비되어 있는데요, 리스트를 보고도 잘 모르겠다면 이렇게 물어보세요. 음식과 잘 어울리는 와인을 추천해줍니다. 병 단위로 주문해야 하는 가게도 있지만 대부분 한 잔씩 주문하는 글라스 와인이 있어요. 단, 글라스 와인은 선택의 폭이 좁습니다. '글라스 와인 있나요?'라고 물어볼 때는 Vous auriez des vins au verre? [부 조히에 데 벵 오 베흐]라고 하세요.

글라스 와인, 레드로 부탁합니다.
Un verre de rouge, s'il vous plaît.
앙 베흐 드 후쥬, 씰 부 쁠레
■ 화이트 와인을 주문하려면 rouge [후쥬] 대신 blanc [블렁]이라고 하세요.

레드 와인 피처로 주세요.
Un pichet de rouge, s'il vous plaît.
앙 삐쎄 드 후쥬, 씰 부 쁠레
■ 와인을 250ml, 500ml 단위의 피처에 담아 줍니다. 여럿이 주문하면 글라스보다 좀 더 저렴해요.

제 요리에 어떤 와인을 추천해주시겠어요?
Qu'est-ce que vous me conseillez avec mon plat?
께-스 끄 부 드 꽁쎄이예 아벡 몽 쁠라
■ 요리에 맞는 와인은 그 식당에서 추천받는 게 좋습니다.

[육류에는 레드?]
사실 '육류에는 레드, 생선에는 화이트'라고 규칙이 정해져 있는 것은 아닙니다. 프랑스 사람들은 개인의 취향에 따라 자유롭게 마신답니다. 하지만 요리와 함께 맥주는 마시지 않는 게 일반적이에요.

소믈리에
sommelier / sommelière
쏘믈리에 / 쏘믈리에흐

테이블 와인
vin de table (m)
벵 드 따블르

수확한 해
année de récolte (f)
아네 드 헤꼴뜨

코르크
bouchon (m)
부쑝

와인 오프너
tire-bouchon (m)
띠흐-부쑝

포도
raisin (m)
헤젱

라벨
étiquette (f)
에띠껫(뜨)

평가하기

🔊 05-05

아주 좋아요. / 맛있게 먹었어요.
C'est très bien.
쎄 트헤 비엥

식사하는 중에 웨이터가 와서 '괜찮으신가요?' Ça se passe bien? [싸 스 빠쓰 비엥]라고 묻습니다. 이때 만족스럽다고 대답하는 표현이에요. 적당히 만족할 때는 '괜찮네요' Ça va. [싸 바]라고 대답하세요.

[다 먹었다는 표시]
웨이터에게 '다 먹었어요'라고 말하면 음료만 남기고 빵까지 모두 치워줍니다. 그래서 빵을 더 두고 먹으려는 경우에는 미리 앞쪽으로 당겨 놓으세요.

아주 좋았어요.
C'était parfait!
쎄떼 빠흐페
▌직역하면 '완벽했어요!'라는 의미예요. 요리에 감동했을 때 이렇게 표현해보세요.

저한테는 좀 많았어요.
C'était un peu trop pour moi.
쎄떼 앙 쁘 트호 뿌흐 므와
▌음식을 남겼을 때 맛있었지만 양이 많았다는 뜻을 전하고 싶으면 이렇게 말하세요.

아직 다 안 먹었어요.
Je n'ai pas encore terminé.
쥬 네 빠 졍꼬흐 떼흐미네
▌아직 다 먹지 않았는데 웨이터가 와서 '치워도 될까요?'라고 하면 이렇게 말하세요.

(모든 것이) 괜찮으신가요?
Tout se passe bien?
뚜 스 빠쓰 비엥

아주 좋아요.
Très bien.
트헤 비엥

넥타이
cravate(f)
크하바뜨

디저트와 커피

커피만 마시겠습니다.
Je vais prendre juste un café.
쥬 베 프헝드흐 쥐스뜨 앙 꺄페

프랑스에서 식사는 보통 메인 다음에 디저트가 나옵니다. 하지만 메인에서 배가 불러서 디저트를 건너뛰고 커피로 넘어가고 싶을 때는 이렇게 말하세요. 여기서 juste [쥐스뜨]는 '~만'이라는 의미예요. 카페인 때문에 잠을 잘 못 자는 사람들은 커피 대신 브랜디를 마시기도 합니다.

[커피는 식후에만]
프랑스에서는 주로 식후에 커피를 마시기 때문에 식전이나 식사 중에 커피를 주문하면 되물어 보기도 합니다. 참고로 프랑스에서는 커피를 리필해주지 않아요.

디저트 메뉴를 보고 싶어요.
La carte des desserts, s'il vous plaît.
라 꺄흐뜨 데 데쎄흐, 실 부 쁠레
■ 보통 디저트는 메인 요리를 먹은 후에 주문합니다. 메인을 다 먹었는데 디저트 메뉴를 주지 않으면 이렇게 말하세요.

커피도 같이 부탁해요.
Je vais prendre un café en même temps.
쥬 베 프헝드흐 앙 꺄페 엉 멤므 떵
■ 식사의 순서는 디저트 다음에 커피지만, 디저트와 함께 커피를 마시고 싶다면 미리 이렇게 말하세요.

스푼을 두 개 갖다주시겠어요?
On pourrait avoir deux cuillères?
옹 뿌헤 아브와흐 드 뀌예흐
■ 디저트 하나를 둘이서 나눠 먹을 때는 이렇게 요청하세요.

105

쟁반
plateau(m)
쁠라또

디저트 메뉴를 볼 수 있을까요?
La carte des desserts, s'il vous plaît.
라 꺄흐뜨 데 데쎄흐, 씰 부 쁠레

네, 바로 갖다드리겠습니다.
Tout de suite.
뚜 (드) 쒸이뜨

앞치마
tablier(m)
따블리에

홍차
thé(m)
떼

허브티
tisane(f)
띠잔느

식후 주
digestif(m)
디줴스띠프

계산하기
05-06

카드로 지불할 수 있나요?
Je peux payer par carte?
쥬 쁘 뻬이예 빠흐 까흐뜨

프랑스에서는 carte bleue [까흐뜨 블 리]라는 직불 카드가 대중적이어서 카드로 계산하는 사람이 많아요. 하지만 가게에 따라서는 카드를 취급하지 않는 곳도 있기 때문에 먼저 이렇게 물어 보세요.

[결제할 수 있는 카드]
VISA 카드는 대부분의 가게에서 쓸 수 있지만 아메리칸 익스프레스, JCB, DINERS 등이 가게에 따라 사용하지 못할 수도 있어요. 이럴 땐 '아메리칸 익스프레스로 지불할 수 있나요?' Vous prenez l'AMEX? [부 프흐네 라멕쓰]라고 물어보세요.

계산서 부탁드려요.
L'addition, s'il vous plaît.
라디씨옹, 씰 부 쁠레
■ 프랑스 식당에서는 보통 테이블에서 계산을 해요. 웨이터에게 이렇게 말하면 계산서를 테이블로 가지고 오고, 계산서를 확인한 뒤 현금이나 카드를 올려놓으면 다시 가져갑니다.

따로 따로 지불할게요.
On va payer séparément.
옹 바 뻬이예 쎄빠헤멍
■ 현금일 때는 알아서 각자 부담으로 테이블에 돈을 놓으면 되지만, 카드인 경우 이렇게 말하세요.

잘못된 것 같은데요.
Je pense qu'il y a une erreur.
쥬 뻥쓰 낄 리 아 위 네회흐
■ 계산이 잘못되는 일이 종종 있으니 계산서를 잘 확인하세요.

네, 물론이죠.
Bien sûr.
비엥 쒸흐

카드로 지불할 수 있나요?
Je peux payer par carte?
쥬 쁘 뻬이예 빠흐 까흐뜨

카드
carte(f)
까흐뜨

현금
espèces(f)
에쓰뻬쓰

치러야할 값, 계산서
addition(f)
아디씨옹

팁
pourboire(m)
뿌흐브와흐

| 바게트 사기 |

바게트 하나 주세요.
Une baguette, s'il vous plaît.
윈 바게뜨, 씰 부 쁠레

프랑스하면 바게트죠. 갓 구운 빵은 정말 맛있는데요, 하루가 지나면 딱딱하고 맛이 떨어집니다. 그래서 프랑스 사람들은 갓 만든 빵을 사먹어요. 바게트 맛은 빵집마다 다른데, 그 지역의 맛있는 빵집은 얼마나 많은 사람들이 줄을 서는지로 알 수 있어요. 해마다 열리는 바게트 콩쿨에서 수상한 빵집은 그 한 해 동안 대통령 관저에 납품하기도 합니다.

[마법의 지팡이]
baguette [바게뜨]는 '막대기, 지팡이'라는 뜻이 있어요. '마법의 지팡이'는 baguette magique [바게뜨 마쥐끼]라고 하여 아이들의 놀이에 자주 등장합니다. 복수형으로 baguettes [바게뜨]라고 하면 '젓가락'이라는 뜻이 됩니다.

바게트 반 개 주세요.
Une demie baguette, s'il vous plaît.
윈 드미 바게뜨, 씰 부 쁠레
▌한 개가 크면 반만 살 수도 있어요. 물론 가격도 절반이지요.

잘 구워진 걸로 (주세요).
Bien cuite.
비엥 뀌뜨
▌겉이 잘 구워져 바삭한 바게트를 좋아한다면 이렇게 부탁하세요.

그렇게 많이 구워지지 않은 걸로 (주세요).
Pas trop cuite.
빠 트호 뀌뜨
▌겉이 적당하게 구워져서 겉과 속이 모두 부드럽습니다.

빵집
boulangerie(f)
불렁쥬히

제빵사
boulanger, boulangère
불렁제, 불렁제흐

빵집에서
05-07

그게 다예요.
Ce sera tout.
스 쓰하 뚜

계산할 때 점원이 '더 필요한 것은 없으신가요?'라는 뜻으로 Avec ça? [아벡 싸], Avec ceci? [아벡 쓰씨]라고 묻습니다. 직역하면, '이것하고…?'입니다. 혹은 '마담, 이게 다인가요?' Ce sera tout, madame? [스 쓰하 뚜, 마담]이라고 묻습니다. 이때 나오는 대답인데요, 이 문장에서 Ce sera [스 쓰하]~는 미래형입니다. 이 표현이 좀 더 공손한 느낌을 주지만 C'est tout [쎄 뚜]라고 현재형으로 말해도 괜찮습니다.

이거.
Ça.
싸
- 사고 싶은 것을 가리키며 이렇게 말하면 편합니다.

아니요, 이거예요.
Non, ça.
농, 싸
- '이거'라고 가리켰는데도 옆에 있는 다른 것을 봉투에 담으려 할 때 이렇게 말하세요.

이제 슈켓은 없나요?
Vous n'avez plus de chouquette?
부 나베 쁠뤼 드 슈께뜨

감사합니다. 안녕히 계세요!
Merci, au revoir!
멕씨, 오 흐브와(흐)
- 다 사고나면 이렇게 인사하고 매장을 나옵니다.

[프랑스의 단골 메뉴]
대표적인 프랑스 빵 '크루아상' croissant [크화썽]이나 아이들의 단골 간식인 '초코빵' pain au chocolat [뺑 오 쇼꼴라] 등은 어느 빵집에나 있습니다. 프랑스에서는 바게트 빵으로 샌드위치를 만들기 때문에 꽤 두툼한 sandwich [썽드위취]를 먹을 수 있어요.

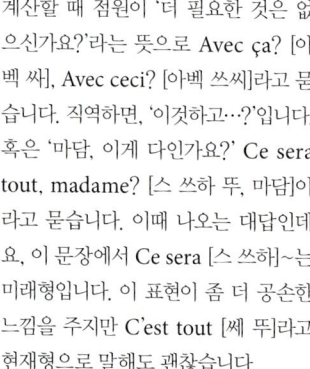

건포도 빵
pain aux raisins (m)
뺑 오 헤정

통밀빵
pain complet (m)
뺑 꽁쁠레

감사합니다. 안녕히 계세요!
Merci, au revoir!
멕씨, 오 흐브와(흐)

감사합니다. 좋은 하루 보내세요!
Merci, bonne journée.
멕씨, 본 쥬흐네

종이봉투
sac en papier (m)
싹 껑 빠삐에

과자점에서

이건 무슨 맛인가요?
Ça, c'est à quoi?
싸, 쎄 따 꾸와

프랑스 제과점에 가면 눈이 휘둥그레 집니다. 가게마다 예쁘고 다양한 케이크와 과자가 많은데요, 그냥 봐서 안에 뭐가 들어 있는지, 어떤 맛인지 모를 때 이렇게 물어보세요.

[케이크를 사랑하는 파리]
잡지에 나올 법한 멋스런 '제과점' patisserie [빠띠쓰히]에서는 보기에도 고급스럽고 맛도 섬세한 케이크를 팝니다. 길거리의 작은 빵집에서는 크기는 엄청나지만 맛은 밋밋한 케이크를 팔기도 해요. 다양한 케이크가 있는 만큼 선택하는 즐거움이 있지요.

딸기 맛인가요?
C'est à la fraise?
쎄 딸 라 프헤즈

이것은 며칠 정도 두고 먹을 수 있나요?
Ça tient combien de temps?
싸 티엥 꽁비엥 드 떵
■ 대부분의 디저트는 당일에 먹어야 하지만, 마카롱 같은 과자는 좀 두고 먹을 수 있어요.

냉장 보관해야 하나요?
Il faut les garder au frais?
일 포 레 갸흐데 오 프헤
■ 프랑스에는 드라이아이스를 넣어 포장해주는 서비스는 없습니다.

라즈베리 마카롱
macaron framboise(m)
마까홍 프헝브와즈

밀피유
millefeuille(m)
밀푀이-으

몽블랑
mont-blanc(m)
몽-블렁

과일 타르트
tarte aux fruits(f)
따흐뜨 오 프휘

(요뚜기 모양의) 슈크림
religieuse(f)
흘리쥐으즈

에클레르(과자의 일종)
éclair(m)
에끌레흐

초콜릿 가게에서
05-08

각각 하나씩 부탁 드려요.
Un de chaque, s'il vous plaît.
앙 드 샤끄, 씰 부 쁠레

진열장에 가득 찬 각양 각색 초콜릿은 보면 볼수록 더 고르기 힘들죠. 하나씩 다 먹어보고 싶을 때 쓸 수 있는 표현이에요. 두 개나 세 개씩 사고 싶다면 Un [앙]을 deux [드]나 trois [트화]로 바꿔 말하세요.

[초콜릿 좋아하세요?]
프랑스에는 초콜릿만 파는 '초콜릿 가게' chocolaterie [쇼꼴라트히]가 따로 있습니다. 친구의 집에 초대받았을 때 초콜릿 선물을 많이 하는데요. 선물용으로는 잘 알려진 가게에서 고급 초콜릿을 구입하는 경우가 많아서 초콜릿 구경하는 재미도 쏠쏠합니다.

초콜릿을 골고루 담아 주세요.
Je voudrais un assortiment de chocolats, s'il vous plaît.
쥬 부드헤 아 나쏘흐띠멍 드 쇼꼴라, 씰 부 쁠레
▪ 선물용으로 좋은 구성으로 포장하고 싶을 때 쓰는 표현이에요.

다크 초콜릿으로 할게요.
Je vais prendre du chocolat noir.
쥬 베 프헝드흐 뒤 쇼꼴라 느와흐
▪ 밀크 초콜릿은 chocolat au lait [쇼꼴라 올 레]라고 합니다.

맛보시겠어요?
Vous voulez goûter?
부 불레 구떼
▪ 가게에 따라 시식용 초콜릿을 주는 곳도 있습니다.

네, 감사합니다.
Oui, merci. C'est gentil.
위, 멕씨. 쎄 졍띠
▪ 시식 초콜릿을 받았을 때는 이렇게 말하세요.

각각 하나씩 부탁해요.
Un de chaque, s'il vous plaît.
앙 드 샤끄, 씰 부 쁠레

초콜릿 만드는 사람
chocolatier, chocolatière
쇼꼴라띠에, 쇼꼴라띠에흐

초콜릿
chocolat(m)
쇼꼴라

과일 젤리
pâte de fruits(f)
빠뜨 (드) 프휘

파베 초콜릿
truffe(f)
트휘프

판 초콜릿
tablette de chocolat(f)
따블레뜨 (드) 쇼꼴라

시장에서 과일 사기

체리 500그램 주세요.
Cinq cents grammes de cerises, s'il vous plaît.
쌩 썽 그함 드 쓰히즈, 씰 부 쁠레

이렇게 말해도 딱 맞춰서 500그램을 팔지는 않습니다. 좀더 넉넉하게 봉투에 담아 저울로 재고 무게만큼 지불하지요. 정육점, 생선 가게, 반찬 가게에서도 말한 것보다는 넉넉히 담기 때문에 예상 외의 지출이 있기도 합니다. 그럴 땐 '너무 많아요!' C'est un peu trop! [쎄 땅 쁘 트호]라고 하면 덜어줍니다.

[필요한 양보다 적게 주문하세요]
원하는 무게보다 넘치게 주는 것이 부담스러우면 처음부터 조금 줄여서 주문하는 것도 요령이에요.

1킬로에 10유로예요.
Dix euros le kilo.
디 즈호 르 낄로
▌'얼마예요?'라고 물었을 때 이런 대답을 듣습니다. 가격표에는 '10€/kilo'라고 표기되어 있습니다.

이거랑 이거 주세요.
Je voudrais ça et ça.
쥬 부드헤 싸 에 싸

좀 더 많이.
Un peu plus.
앙 쁘 쁠뤼

좀 더 적게.
Un peu moins.
앙 쁘 므왱

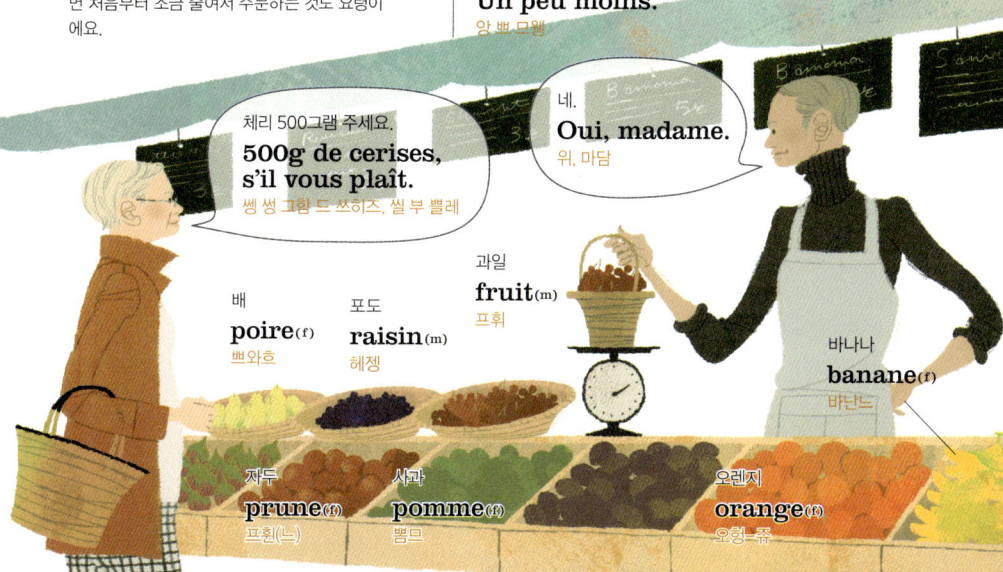

체리 500그램 주세요.
500g de cerises, s'il vous plaît.
쌩 썽 그함 드 쓰히즈, 씰 부 쁠레

네.
Oui, madame.
위, 마담

배
poire(f)
쁘와흐

포도
raisin(m)
헤젱

과일
fruit(m)
프휘

바나나
banane(f)
바난느

자두
prune(f)
프휜(느)

사과
pomme(f)
뽐므

오렌지
orange(f)
오헝쥬

시장에서 장보기
🔊 05-09

이거 어떻게 먹는 거예요?
Comment on mange ça?
꼬멍 옹 멍쥬 싸

시장에 가면 다양한 채소와 과일을 볼 수 있어요. 일반적으로 많이 먹는 오이나 가지는 한국에서 보던 것에 비하면 좀 크지만 비슷해서 쉽게 구별됩니다. 하지만 생소한 채소와 과일도 많이 있어요. 처음 보는 재료로 새로운 요리에 도전해보고 싶을 때는 파는 사람에게 조언을 구하는 게 제일 좋아요. 이때 이 표현을 써보세요. 대부분 친절히 설명해줍니다. 단, 너무 바쁜 시간대는 피해서 물어보세요.

오늘 저녁용이에요.
C'est pour ce soir.
쎄 뿌흐 스 쓰와흐
▌이렇게 말하면 과일은 잘 익은 상태, 고기는 잘 숙성된 것으로 당일에 가장 맛있게 먹을 수 있도록 골라 줍니다.

너무 익은 것 같아요.
Je trouve qu'elles sont trop mûres.
쥬 트후브 껠 쏭 트호 뮈흐

너무 단단한 것 같아요.
Je trouve qu'elles sont trop dures.
쥬 트후브 껠 쏭 트호 뒤흐

이쪽이 좋은데, 이걸로 살 수 있을까요?
Je préfère ça, c'est possible?
쥬 프헤페흐 싸, 쎄 뽀씨블(르)
▌다른 게 나아보일 때는 이렇게 이렇게 말하세요. 다른 것을 달라고 하면 됩니다.

[깐깐한 프랑스 주부들]
좋은 뜻으로 그러는 가게도 있지만 별 생각 없이 덜 익거나 모양이 예쁘지 않은 채소나 과일을 봉투에 담아 주는 일도 있습니다. 그럴 때에 프랑스 주부들은 심하다 싶을 정도로 잔소리를 하며 자기 맘에 드는 것으로 담아달라고 합니다.

당근처럼 요리하면 돼요.
Vous pouvez les cuisiner comme des carottes.
부 뿌베 레 뀌지네 꼼 데 꺄호뜨

어떻게 먹나요?
Comment on mange ça?
꼬멍 옹 멍쥬 싸

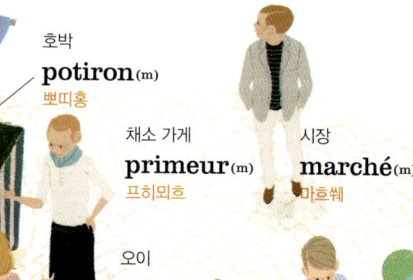

호박
potiron(m)
뽀띠홍

채소 가게
primeur(m)
프히뫼흐

시장
marché(m)
마흐쒜

오이
concombre(m)
꽁꽁브흐

피망
poivron(m)
뽀와브홍

마늘
ail(m)
아이

정육점에서

소고기 간 것 500그램 주세요.
500g de viande hachée, s'il vous plaît.
쌩 쌩 그함 드 비엉드 아쒜, 씰 부 쁠레

프랑스에서는 소고기 타르타르(날것으로 먹는 소고기 요리)나 햄버그 스테이크(간 고기만을 둥글고 납작하게 만들어 구운 것)를 많이 먹어요. 그래서 정육점에서 파는 '간 고기' viande hachée [비엉드 아쒜]는 소고기를 말합니다. 돼지고기 간 것으로 하는 요리는 별로 없기 때문에 거의 팔지 않아요. 소고기를 가는 기계에 돼지고기를 넣는 것을 싫어하는 정육점 주인도 있지만, 부탁하면 돼지고기를 갈아주는 곳도 있어요. 동그랑땡이 먹고 싶다면 이렇게 주문해보세요.

등심 두 덩어리 주세요.
Deux entrecôtes, s'il vous plaît.
드 정트흐꼬뜨, 씰 부 쁠레
▋스테이크 고기는 부위에 따라 이름이 달라요. 하지만 한국에서 분류하는 부위가 없을 수도 있습니다.

얼마나 구우면 되나요?
Il faut cuire pendant combien de temps?
일 포 뀌흐 뻥덩 꽁비엥 드 떵
▋고기 요리 방법을 물어보면 알려줍니다.

잘라 주시겠어요?
Pourriez-vous le découper en morceau, s'il vous plaît?
뿌히에-부 르 데꾸뻬 엉 모흐쏘, 씰 부 쁠레
▋한 마리를 통째로 사는 토끼나 닭은 부탁하면 잘라 줍니다.

2인분입니다.
Pour deux personnes.
뿌흐 드 뻬흐쏜느

등심 두 덩어리 주세요.
Deux entrecôtes, s'il vous plaît.
드 정트흐꼬뜨, 씰 부 쁠레

잘 지내?
Ça va?
싸 바

응, 너는?
Oui, et toi?
위, 에 뜨와

[그거면 됐어요]
주문을 하면 반드시 '다른 건요?' Vous voulez d'autres choses? [부 불레 도트흐 쇼즈]라고 물어봅니다. 더 필요한 게 없으면 '그거면 됐어요' Non, c'est tout. [농, 쎄 뚜]라고 답하세요.

칠면조 **dinde** (f) 뎅드
소고기 **bœuf** (m) 뵈프
돼지고기 **porc** (m) 뽀흐
소시지 **saucisse** (f) 쏘씨쓰
닭고기 **poulet** (m) 쁠레
새끼양고기 **agneau** (m) 아뇨
큰 소시지 **saucisson** (m) 쏘씨쏭
햄 **jambon** (m) 정봉
토끼고기 **lapin** (m) 라뺑

생선 가게에서
🔊 05-10

이거 날것으로 먹을 수 있나요?
On peut le manger cru?
옹 쁠 르 멍줴 크휘

프랑스의 생선 가게에는 횟감으로 파는 생선이 따로 없어요. 그래서 회를 먹고 싶다면 신선한 생선인지 확인해야 합니다. 요즘은 프랑스에서도 생선회가 유행하고 있어서 '회로 먹을 수 있음'이라고 써놓거나 말해주는 가게도 있습니다. 횟감이 필요할 때는 이 표현으로 물어보세요.

살만 발라 주시겠어요?
Vous pouvez le découper en filet?
부 뿌베 르 데꾸뻬 엉 필레

어떤 식으로 조리하면 되나요?
Comment ça se prépare?
꼬멍 싸 쓰 프헤빠흐

이것은 익힌 건가요?
Est-ce que c'est cuit?
에-스 끄 쎄 뀌

▪ 조개류나 새우는 그대로 먹을 수 있도록 미리 조리된 경우도 있어요.

(해물) 모둠을 만들어 주실 수 있나요?
Vous pouvez me préparer un plateau?
부 뿌베 므 프헤빠헤 앙 쁠라또

▪ 프랑스에서는 12월 마지막 날 밤에 굴이나 새우, 게, 조개 등을 한데 모아 해물 모둠을 만들어서 먹습니다. 이때 생선 가게에 가면 모둠 접시에 담긴 해물을 볼 수 있는데요. 미리 가서 예약해 놓을 수 있습니다.

네, 먹을 수 있어요.
Oui, vous pouvez.
위, 부 뿌베

생선 가게
poissonnerie(f)
쁘와쏘느히

가리비
coquille Saint-Jacques(f)
꼬끼-으 쌩-자끄

새우
crevette(f)
크흐베뜨

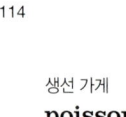

홍합
moule(f)
물

도미
daurade(f)
도하드

혀가자미
sole(f)
쏠르

정어리
sardine(f)
싸흐딘느

날것으로 먹을 수 있어요?
Ça se mange cru?
싸 쓰 멍쥬 크휘

연어
saumon(m)
쏘몽

농어
bar(m)
바흐

송어
truite(f)
트휘뜨

조개
coquillage(m)
꼬끼야-쥬

[연어가 인기]
프랑스에서는 초밥을 만들 때 꼭 활어가 아니라 치킨이나 통조림 참치 등 다양한 재료를 쓰는데요. 손쉽게 구할 수 있는 연어도 인기 재료입니다.

Part 6

문화와 레저 생활
Évadez-vous!

영화, 연극, 미술관…
최신 트랜드 문화 생활과
개성 있는 취미 생활을 즐기세요.

영화 보러 가기
🔊 06-01

영화 보러 갈래?
Si on allait voir un film?
씨 오 날레 브와흐 앙 필므

영화 관람은 프랑스 사람들에게 아주 대중적인 문화 활동입니다. 줄을 선 사람들을 보면 '어? 이렇게 나이 드신 분들이?'하고 놀라기도 해요. 전문가 수준의 영화 지식을 자랑하는 사람들도 많습니다. 나이에 상관없이 영화에 관한 이야기를 자유롭게 나누는 걸 보면 프랑스 사람들이 영화를 얼마나 사랑하는지 알 수 있어요.

['영화관'과 '영화']
'영화관'은 cinema [씨네마]라고 하지요. 구어체에서는 ciné [씨네]라고 줄여서 말하거나 cinoche [씨노슈]라고도 합니다. '영화'는 film [필므]라고 하고, J'ai vu un film. [제 뷔 앙 필므]라고 하면 '영화를 보았다'라는 뜻이에요. J'ai vu un cinema. [제 뷔 앙 씨네마]라고 하면 '영화관을 보았다'라는 뜻이 되니 잘 구별하세요.

영화관에 가지 않을래?
Ça te dirait d'aller au ciné?
싸 뜨 디헤 달레 오 씨네
■ Ça te dirait de… [싸 뜨 디헤 드]는 '~하는 거 어때(좋아)?'라는 표현이에요.

UGC 영화관에서 '에일리언' 하고 있어.
Il y a ALIEN à UGC.
일 리 아 알리엥 아 위쮀쎄
■ 프랑스에는 큰 영화관 체인으로 UGC [위쮀쎄]와 MK2 [엠꺄드]가 있습니다.

좋은 생각이야!
C'est une bonne idée!
쎄 뛴 보 니데
■ 짧게 Bonne idée! [보 니데]라고만 해도 통해요.

나는 오히려 '미녀와 야수'를 보고 싶은데.
Je veux plutôt voir La Belle et la Bête.
쥬 브 쁠뤼또 브와흐 라 벨르 엘 라 베뜨
■ '나는 (그것보다는) 이게 좋아!'라고 말하고 싶을 때 이렇게 말하세요.

영화관
cinéma (m)
씨네마

포스터
affiche (f)
아피슈

매표소
guichet (m)
기쉐

춥네.
J'ai froid là.
줴 프흐와 라

대기 줄
file d'attente (f)
필 다떵뜨

영화관 매표소

자막 버전인가요? (오리지날 버전인가요?)
C'est en VO?
쎄 떵 베오

프랑스에서는 TV는 물론 영화관에서도 프랑스어 더빙판을 상영합니다. 특히 아이들 영화나 미국 오락 영화는 더빙판이 많아요. 좋아하는 배우가 나오는 미국 영화를 보러 갔는데 전혀 다른 목소리로 더빙이 된 경우가 간혹 있습니다. 대형 영화관은 특히 더빙판을 많이 상영하니 예매할 때 확인해보는 게 좋습니다.

[**VO와 VF**]
'이건 프랑스어 더빙판인가요?'라고 물을 때는 C'est en VF? [쎄 떵 베에프]라고 하세요. VO [베오]는 Version originale [베흐씨옹 오히쥐날르]의 줄임말로 '오리지널 버전'이라는 뜻입니다. VF [베에프]는 Version française [베흐씨옹 프헝쎄즈]로 '프랑스어 버전'이라는 뜻이에요.

미녀와 야수, 한 명 부탁합니다.
Une place pour La Belle et La Bête, s'il vous plaît.
윈 쁠라쓰 뿌흐 라 벨르 엘 라 베뜨, 씰 부 쁠레
■ 두 명일 때 Deux places pour ○○ [드 쁠라쓰 뿌흐]라고 하세요.

달콤한 팝콘 주세요.
Un pop-corn sucré, s'il vous plaît.
앙 뽑-꼬흐느 쒸크헤, 씰 부 쁠레
■ 영화관이라면 팝콘을 빼놓을 수 없죠. 짭짤한 맛과 단맛 두 종류가 있습니다.

이 자리는 비어 있나요?
Il y a quelqu'un ici?
일 리 아 껠깡 이씨
■ 겉옷이나 짐이 놓여 있는 자리는 이렇게 물어보세요. 앉을 사람이 없을 때는 비워줍니다.

이것도 재미있는 것 같아.
On dirait que c'est bien aussi.
옹 디헤 끄 쎄 비엥 오씨

사람이 많다, 그렇지?
Il y a du monde, non?
일 리 아 뒤 몽드, 농

영화(작품)
film(m)
필므

개봉
sortie(f)
쏘흐띠

액션 영화
film d'action(m)
필므 닥씨옹

러브 스토리
histoire d'amour(f)
이스뜨와흐 다무흐

코미디
comédie(f)
꼬메디

애니메이션
dessin animé(m)
데쌩 아니메

영화 호평하기 06-02

잘 만들었네.
C'était bien fait!
쎄떼 비앵 페

영화를 다 본 후에는 각자의 감상을 얘기하고 비평하는 것을 즐깁니다. 영화가 좋았다, 나빴다라는 평가를 먼저 하고 parce que [빠흐쓰 끄], '왜냐하면~'이라고 하면서 말을 이어가지요.

[파리의 시네마테크]
파리의 시네마테크에서는 cinéphile [씨네필르], 즉 영화 애호가들이 좋아하는 작품을 많이 상영한답니다. 세계 각국의 다양하고 개성 있는 영화들을 만날 수 있는 곳이니, 관심이 있다면 방문해보세요. 이곳에서는 오리지널 버전의 영화를 상영합니다. 한국 영화도 쉽게 만날 수 있어요.

맘에 들었어?
Ça t'a plu?
싸 따 쁠뤼

응, 아주.
Oui, très.
위, 트헤

너무 좋았어!
C'était super!
쎄떼 쒸뻬흐

흥미로운 영화였어.
C'était intéressant.
쎄떼 엥떼헤썽

▪ 이렇게 말하고 나서 왜 흥미로운지 설명을 이어가세요.

상영
séance(f)
쎄엉쓰

상영관
salle de cinéma(f)
쌀 드 씨네마

스크린
écran(m)
에크헝

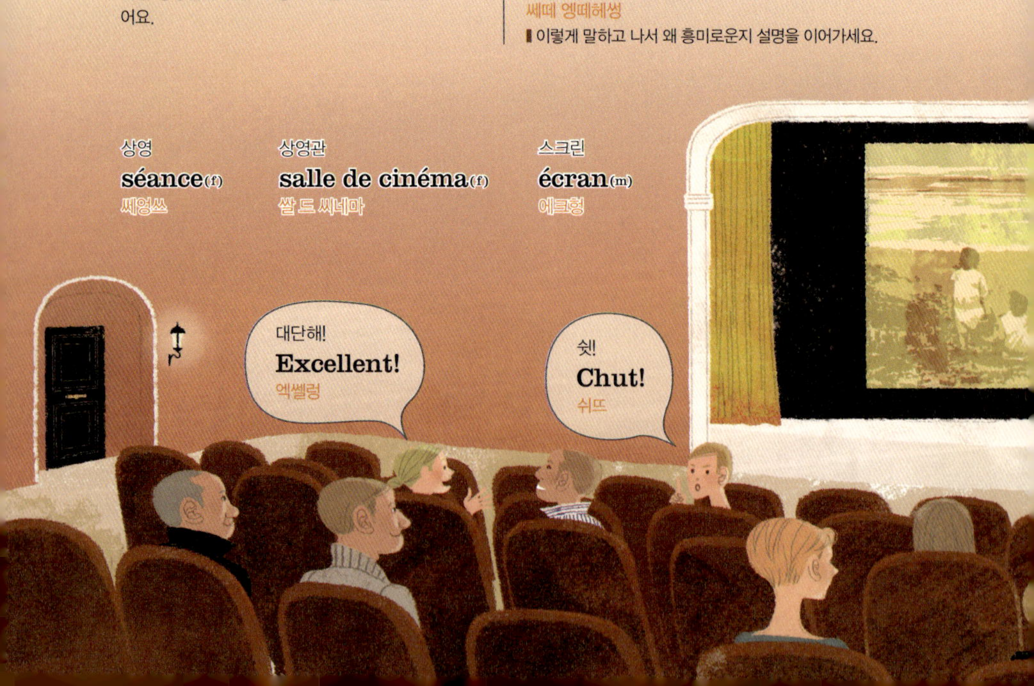

대단해!
Excellent!
엑썰렁

쉿!
Chut!
쉬뜨

> 영화 혹평하기

형편없었어.
C'était nul.
쎄떼 뉠(르)

다른 사람들 의견과 상관없이 자신의 감상을 자유롭게 말하는 프랑스 사람들을 자주 봅니다. 특히 영화가 실망스러웠을 때는 강하게 비판하기도 하지요. 이런 비판은 영화뿐만 아니라 레스토랑, 파티, 운동 경기도 해당됩니다. 자신의 의견을 소신 있게 말해보세요.

[OO를 못해]
nul [뉠(르)]는 '형편없다'는 의미로, 구어체에서는 '~를 못한다, ~를 잘 못한다'라고 말할 때 씁니다. 프랑스 학생들 사이에도 '나는 수학은 엉망이야!' Je suis nul en math! [쥬 쒸 뉠 엉 마 뜨]라는 말을 꽤 많이 들을 수 있어요.

연출을 잘못했어.
C'était mal réalisé.
쎄떼 말 헤알리제
▌평범한 사람들도 여느 비평가 못지 않은 의견을 내기도 하지요.

지루했어.(지루했다고 할 수 있어.)
C'était plutôt ennuyeux.
쎄떼 쁠뤼또 엉뉘이으

별 거 없었지?
C'était pas terrible, hein?
쎄떼 빠 떼히블, 엥
▌terrible [떼히블]은 원래 '지독하다'라는 뜻이지만 구어체에서는 '굉장해!'라는 뉘앙스로, 완전히 반대의 의미를 나타내기도 해요. pas terrible [빠 떼히블]이라고 부정하면 '별 거 없다'는 표현이 됩니다.

자막
sous-titre(m)
쑤-띠트흐

좌석
place(f)
쁠라쓰

비상구
sortie de secours(f)
쏘흐띠 드 스꾸흐

잘 만들었다!
C'est bien fait!
쎄 비엥 페

나쁘지는 않은데….
C'est pas mal, mais…
쎄 빠 말, 메

미술관 가기 🔊 06-03

학생 표 한 장 부탁합니다.
Un billet tarif étudiant, s'il vous plaît.
앙 비예 따히프 에뛰디엉, 씰 부 쁠레

미술관에 가면 학생할인을 해주는 경우가 많아요. 나이와 상관없이 학생증을 가지고 있다면 할인을 해주니까 적극 이용해보세요. 그냥 '표 한 장 주세요'는 Un billet, s'il vous plait. [앙 비예, 씰 부 쁠레]입니다.

[동양인은 동안]
프랑스 사람들은 동양인의 나이를 잘 가늠하지 못합니다. 나이가 좀 있어도 박물관이나 미술관에 가면 학생인지 확인할 때가 있어요. 술을 살 때도 그렇습니다. 그래서 평소에 신분증을 잘 챙기는 게 좋아요.

사진을 찍어도 되나요?
Puis-je prendre des photos?
쀠-쥬 프헝드흐 데 포또

▌플래쉬 없이 사진 찍는 것을 허용하는 곳도 있지만, 촬영해도 되는지 반드시 먼저 물어보세요.

비디오를 찍어도 됩니까?
Puis-je filmer?
쀠-쥬 필메

몇 시에 폐관하나요?
Vous fermez à quelle heure?
부 페흐메 아 껠 뢰흐

공짜인가요?
C'est gratuit?
쎄 그하뛰

학생 한 장 주세요.
Un billet tarif étudiant, s'il vous plaît.
앙 비예 따히프 에뛰디엉, 씰 부 쁠레

창구
guichet(m)
기쒜

티켓
billet(m)
비예

백팩
sac à dos(m)
싹 까 도

부츠
botte(f)
보뜨

미술관
musée(m)
뮈제

개관
ouverture(f)
우베흐뛰흐

폐관
fermeture(f)
페흐므뛰흐

진행 방향
sens de la visite(m)
썽쓰 들 라 비지뜨

어른
adulte(m/f)
아뒬뜨

대학생
étudiant(e)
에뛰디엉뜨

> 전람회 가기

이 전시를 놓치면 안 돼!
Il faut pas rater cette expo!
일 포 빠 하떼 쎄 떽쓰뽀

expo [엑쓰뽀]란 exposition [엑쓰뽀지씨옹]의 줄임말로 '전시회'라는 뜻이에요. 미술관이나 박물관에서 일정 기간 동안 열리는 작품전을 말합니다. 프랑스 사람들은 'OO 엑스포 갔다왔어? 좋았어?', '아직 안 가봤어', '나도 가 보려고' 등의 대화를 많이 나눕니다.

[OO을 놓쳤어]
rater [하떼]는 '~을 놓치다'라는 뜻의 편한 표현입니다. '전철을 놓쳤어'는 J'ai raté mon train. [제 하떼 몽 트헹]이라고 할 수 있어요. 더 정중하게 말하고 싶을 때는 manquer [멍께]를 쓰세요. 위에 나온 표현은 정확히 말하면 Il ne faut pas rater cette expo! [인 느 포 빠 하떼 쎄 떽쓰뽀]라고 해야 하지만 구어에서는 ne [느]를 생략하는 경우가 많다는 것도 기억해두세요.

입장료는 얼마예요?
C'est combien, l'entrée?
쎄 꽁비엥, 렁트헤

팸플릿 주세요.
Je voudrais une brochure, s'il vous plaît.
쥬 부드헤 윈 브호쒸흐, 씰 부 쁠레

한국어로 된 것 있나요?
Vous l'avez en coréen?
불 라베 엉 꼬헤엉
■ 유명한 관광지에는 종종 한국어 팸플릿도 마련되어 있습니다.

영어로 된 것 있나요?
Vous l'avez en anglais?
불 라베 어 넝글레
■ 영어 팸플릿은 대부분 구비되어 있습니다.

모사
reproduction (f)
흐프호뒥씨옹

회화
peinture (f)
뼁뛰흐

화가
peintre (m)
뼁트흐

조각
sculpture (f)
스뀔뛰흐

팸플릿
brochure (f)
브호쒸흐

[모사하는 사람들]
미술관에 가면 그림이나 조각 앞에 앉거나 서서 그림을 그리는 사람들이 있습니다. 그리고 그림 앞에 둘러앉아 선생님의 설명에 귀 기울이거나 따라 그리는 어린 학생들도 많이 볼 수 있어요.

극장 가기 🔊 06-04

정장을 입어야 하나요?
Il faut bien s'habiller?
일 포 비엥 싸비에

s'habiller [싸비에]는 '옷을 입다'라는 동사입니다. bien s'habiller [비엥 싸비에]는 '잘 차려 입다, 정장을 입다'라는 뜻이에요. 정장을 입지 않아도 입장할 수 있는 공연도 있지만, 일반적으로는 멋지게 차려 입고 오는 프랑스 사람들을 많이 볼 수 있습니다.

오늘 밤에 콘서트 있나요?
Il y a un concert ce soir?
일 리 아 앙 꽁쎄흐 스 쓰와흐
▪ 당일에 하는 공연이 있는지 이렇게 물어보세요.

바네사 파라디 티켓 (남아) 있나요?
Il reste des places pour Vanessa Paradis?
일 헤스뜨 데 쁠라쓰 뿌흐 바네싸 빠하디

'백조의 호수' 티켓 두 장 주세요.
Je voudrais deux billets pour Le Lac des cygnes.
쥬 부드헤 드 비예 뿌흐 르 락 데 씬뉴

[~해야 한다]
'Il faut ~'는 '~해야 한다'는 뜻이에요. 예를 들어, '마셔야 한다'는 Il faut boire. [일 포 브와흐]라고 해요.

나비 넥타이
nœud de papillon(m)
느 드 빠삐용

휴식 시간
entracte(m)
엉트학뜨

뷔페
buffet(m)
뷔페

턱시도
smoking(m)
스모낑(그)

오페라
opéra(m)
오뻬하

콘서트
concert(m)
꽁쎄흐

극장
théâtre(m)
떼아트흐

> 여행사 이용하기

시내에 있는 호텔을 예약하고 싶습니다.
Je voudrais réserver une chambre d'hôtel dans le centre ville.
쥬 부드헤 헤제흐베 윈 셩브흐 도뗄 덩 르 썽트흐 빌

중심가에서 벗어난 곳에 있는 호텔로 가면 객실이 많고 저렴하지만, 주변에 편의시설이 없어서 좀 불편합니다. 그런 것을 피해서 중심가에 호텔을 잡고 싶다면 이렇게 말해보세요. 특히 파리의 중심가는 고풍스러운 분위기가 남아 있는 곳이 많아 걷기가 즐겁습니다. 시내 중심가에 호텔을 잡는다면 더 많이 즐길 수 있겠지요.

욕조 딸린 방으로요.
Avec une baignoire.
아벡 퀸 베뉴와흐
▪ 샤워만 해도 괜찮다면 Avec une douche [아벡 퀸 두쓔]라고 하세요.

그곳은 좋은 위치인가요?
C'est un bon endroit?
쎄 땅 보 넝드화

그 구역은 위험하지 않습니까?
C'est pas dangereux ce quartier?
쎄 빠 덩쥬흐 쓰 까흐띠에
▪ '위험하다'는 것은 주관적인 것이지만, 가능하면 안전한 곳이 좋죠.

[욕조 있는 방으로 주세요]
반드시 욕조가 있는 방을 원한다면 예약할 때 '욕조가 딸린 방'을 요청하세요. 프랑스는 욕조에 몸을 담그는 문화가 보편적이지 않아서 괜찮은 호텔이라도 샤워 시설만 갖춘 곳이 많습니다.

여행사
agence de voyage (f)
아정쓰 드 봐야-쥬

그곳은 좋은 위치인가요?
C'est un bon endroit?
쎄 땅 보 넝드화

관광객
touriste (m/f)
뚜히스뜨

네, 도심입니다.
Oui, c'est le centre ville.
위, 쎌르 썽트흐 빌

지도
plan (m)
쁠렁

구시가지, 도심
centre ville (m)
썽트흐 빌

가이드북
guide (m)
기드

호텔 찾기
06-05

방을 볼 수 있나요?
On peut voir la chambre?
옹 쁘 브와흐 라 셩브흐

미리 계획하지 않은 여행을 할 때는 호텔을 직접 방문해서 결정하는 것도 좋아요. 이 방법을 추천하는 이유는 인터넷에 나온 사진이 실물과 다른 경우가 꽤 많아서입니다. 이럴 때는 결정하기 전에 반드시 방을 미리 보여 달라고 하세요. 뜨거운 물은 잘 나오는지 꼭 확인하고, 소음은 없는지 물어보는 것도 좋습니다.

[우리]
구어에서는 '우리'라고 말할 때 nous [누] 대신 on [옹]을 많이 씁니다. 예문처럼 '우리가 방을 볼 수 있을까요?'라고 복수로 물어볼 때는 on을 써서 말하세요. 혼자일 때는 '나' je [쥬]를 써서 Je peux voir la chamber? [쥬 쁘 브와흐 라 셩브흐]라고 하면 됩니다.

예약했어요.
J'ai une réservation.
제 윈 헤제흐바씨옹
- 그리고 '김입니다' C'est madame KIM. [쎄 마담 김]과 같이 이름을 말합니다.

2인실이 있나요?
Vous auriez une chambre pour deux personnes?
부 조히에 윈 셩브흐 뿌흐 드 뻬흐쏜느
- 예약 없이 갈 때는 이렇게 물어보세요.

조식은 어디에서 먹을 수 있나요?
Où est servi le petit déjeuner?
우 에 쎄흐비 르 쁘띠 데죄네
- 여행의 즐거움 중 하나죠. 아침 식사는 어디에서 하는지 물어보는 표현입니다.

(저희) 지금 바로 가도 되나요?
On peut y aller tout de suite?
옹 쁘 이 알레 뚜 (드) 쒸이뜨
- 피곤해서 일찍 호텔로 가고 싶을 때는 이렇게 말하세요.

물어보자.
On va demander.
옹 바 드멍데

고맙습니다.
Merci.
멕씨

입구
entrée(f)
엉트헤

도어맨
portier(m)
뽀흐띠에

포터, 짐꾼
porteur(m)
뽀흐뙤흐

즐거운 하루 되시길 바랍니다.
Bonne journée, madame.
본 쥬흐네, 마담

이 주변에 맛있는 레스토랑 있을까?
Est-ce qu'il y a de bons restaurants par ici?
에-스 낄리 아 드 봉 헤스또헝 빠흐 이씨

124

호텔에 문의하기

이 주변에 맛있는 레스토랑 아시나요?
Vous connaissez de bons restaurants par ici?
부 꼬네쎄 드 봉 헤스또헝 빠흐 이씨

호텔 근처가 낯설 때는 직원에게 레스토랑을 추천해달라고 부탁해보세요. 대부분 친절하게 가르쳐줍니다. 간혹 호텔과 계약된 레스토랑을 소개해주는 경우도 있으니 호텔 직원에게 자주 가는 곳을 소개해 달라고 하는 것도 좋은 방법입니다.

[정중하게 부탁하기]
Vous auriez [부 조히에]는 '~를 갖고 계십니까?'라고 묻는 정중한 표현이에요. 두루 활용할 수 있어 유용합니다. Vous auriez un style? [부 조히에 앙 스띨로]라고 하면 '펜을 가지고 계십니까?', '펜을 가지고 계시면 빌려주시겠어요?'라는 뜻입니다.

이 시간에 어디에서 식사를 할 수 있나요?
Où est-ce qu'on peut manger à cette heure-ci?
우 에-스 꽁 쁘 멍줴 아 쎄 뙤흐-씨
■ 식사시간보다 늦게 호텔에 도착했을 때 이렇게 물어보세요.

이 호텔 명함 있나요?
Vous auriez une carte de cet hôtel?
부 조히에 윈 꺄흐뜨 드 쎄 또뗄
■ 주소가 적힌 호텔 명함을 택시 기사에게 보여주면 돌아올 때 편리하죠.

택시를 불러 주시겠어요?
Puis-je avoir un taxi?
쀠-주 아브와흐 앙 딱씨

안내
accueil(m)
아꾀이으

체크인
check-in(m)
체크-인

로비
hall(f)
알흐

[트윈과 더블]
'싱글룸'은 une chambre pour une personne [윈 셩브흐 뿌흐 윈 뻬흐쏜느], '더블룸'은 une chambre avec un lit double [윈 셩브흐 아벡 깡 리 두블르] (직역하자면 더블 침대가 있는 방), '트윈룸'은 une chambre avec deux lits [윈 셩브흐 아벡 드 리] (직역하자면 두 개의 침대가 있는 방)입니다.

호텔에서 문제 해결하기
🔊 06-06

뜨거운 물이 나오지 않아요!
Il n'y a pas d'eau chaude!
일 니 아 빠 도 쇼드

프랑스를 비롯한 유럽의 오래된 호텔은 온수를 공동 탱크에서 데우는 경우가 있는데요, 이럴 땐 다른 객실에서 온수를 써버리면 한참을 기다려야 할 수 있습니다. 온수가 나오는지 먼저 확인하지 않으면 차가운 물로 샤워를 해야 하는 일도 생기지요. 객실에 문제가 있거나 불만이 있을 때는 프런트에 말해보는 것이 좋습니다. 문제를 제기하면 더 좋은 방으로 바꿔주는 일도 종종 있어요. 싸우려는 의도가 없다는 것을 분명히 하고 논리적인 어조로 말하세요.

305호실의 박입니다.
C'est Mademoiselle PARK de la chambre 305.
쎄 맏므와젤 박 들 라 셩브흐 트화 썽 쌩끄
▪ 간단히 '305호실입니다'라고 할 때는 C'est la chambre 305. [쎌 라 셩브흐 트화 썽 쌩끄]라고 하세요.

문제가 있어요.
J'ai un problème.
제 앙 프호블렘(므)
▪ 프런트에 전화해서 클레임을 할 때 이렇게 말하세요.

방이 너무 추워요.
Il fait trop froid dans ma chambre.
일 페 트호 프흐와 덩 마 셩브흐
▪ '방이 너무 더워요'는 froid [프흐와] 대신 chaud [쇼]를 쓰세요.

거울
miroir(m)
미흐와흐

목욕 가운
peignoir(m)
뻬뉴와흐

수도꼭지
robinet(m)
호비네

욕실
salle de bain(f)
쌀 드 뱅

샤워
douche(f)
두슈

욕실용 매트
tapis de bain(m)
따삐 드 뱅

욕조
baignoire(f)
배뉴와흐

뜨거운 물이 나오지 않아요!
Il n'y a pas d'eau chaude!
일 니 아 빠 도 쇼드

| 호텔에 짐 맡기기 |

짐 좀 맡겨도 될까요?
Vous pouvez garder mes bagages?
부 뿌베 갸흐데 메 바갸-쥬

호텔에서는 체크아웃 후에도 짐을 맡아 줍니다. 일정이 남아서 그 지역에 더 있어야 한다면 부탁해 봅시다. 간혹 사람들이 지나다니는 곳에 짐을 그냥 두는 경우도 있으니 어디에 보관하는지 확인하는 게 좋습니다.

[항상 복수형으로 사용하는 단어]
'짐'이라는 뜻의 bagages [바갸-쥬]는 가방이 하나라도 복수형으로 써요. '화장실'도 les toilettes [레 뜨왈레뜨]로 복수형을 씁니다. 단수형은 '몸단장'이라는 뜻이 됩니다. 그밖에도 '휴가'는 vacances [바깡쓰], '안경'은 lunettes [뤼네뜨], '가위'는 ciseaux [씨조]로 모두 복수형을 씁니다.

5시까지입니다.
Jusqu'à cinq heures.
쥐스까 쌩 꾀흐
■ Jusqu'à [쥐스까]는 '~까지'라는 표현이에요.

체크아웃 부탁합니다.
Le check-out, s'il vous plaît.
르 체크-아웃, 씰 부 쁠레

영수증을 부탁해요.
Je voudrais un reçu, s'il vous plaît.
쥬 부드헤 앙 흐쒸, 씰 부 쁠레

방에 물건을 두고 왔어요.
J'ai oublié quelque chose dans la chambre.
제 우블리예 껠끄 쇼즈 덩 라 셩브흐

룸서비스
room service (m)
룸 써비쓰 (훔 쎄흐비쓰)

수하물보관소
vestiaire (m)
베스띠예흐

여행 가방
sac de voyage (m)
싹 드 봐아-쥬

베개
oreiller (m)
오헤이예

골판지 상자
carton (m)
까흐똥

담요
couverture (f)
꾸베흐뛰흐

시내까지 어떻게 가면 되나요?
Comment on va au centre ville?
꼬멍 옹 바 오 썽트흐 빌

렌트카 업체에서 차를 빌릴 때는 지도를 보고 차를 빌리는 장소와 반납하는 장소, 연료를 넣을 주유소 등의 위치를 잘 물어보세요. 시내까지 가는 방법을 표시해달라고 하는 것도 도움이 됩니다. 프랑스의 렌터카 업체에서는 인근 지도를 제공하는 경우가 많아요. '그건 이 지도에서 어디입니까?'라고 묻고 싶을 때는 Où c'est sur la carte? [우 쎄 쒸흘 라 꺄흐뜨]라고 하세요.

[kilo는 무게만 뜻해요]
프랑스어에서 '킬로미터'는 kilomètre [킬로메트흐], '킬로그램'은 kilogramme [킬로그함므]라고 합니다. 이때 kilo [킬로]라고 줄여 말하는 것은 무게에만 씁니다. '거기까지 10킬로야!'라고 하면 '체중이? 뭐가?' 하고 의아해해요.

요금표를 볼 수 있을까요?
Je peux regarder la liste des tarifs?
쥬 쁘 흐가흐데 라 리스뜨 데 따히프
■ 요금표를 보고 예산에 맞는 차를 고르세요.

B 카테고리의 차를 부탁합니다.
Une voiture de catégorie B, s'il vous plaît.
윈 브와뛰흐 드 까떼고히 베, 씰 부 쁠레

보험에 가입하겠습니다.
Je prends une assurance.
쥬 프헝 위 나쒸헝쓰

주행 킬로미터 제한이 있나요?
Il y a une limite de kilomètrage?
일 리 아 윈 리미뜨 드 낄로메트하-쥬

시내까지 어떻게 가면 되나요?
Comment on va au centre ville?
꼬멍 옹 바 오 썽트흐 빌

자동차 대여점
location de voiture (f)
로까씨옹 드 브와뛰흐

방향지시등
clignotant (m)
끌리뇨떵

자동차
voiture (f)
브와뛰흐

라이트
phare (m)
파흐

타이어
pneu (m)
프느

지도에 표시할게요.
Je vais vous le marquer sur la carte.
쥬 베 불 르 마흐께 쒸흘 라 까흐뜨

드라이브 하기

이상한 데 주차하고 왔어!
Je suis mal garé(e)!
쥬 쒸 말 갸헤

파리에서 차로 다니면 주차할 장소를 찾는 게 제일 힘들어요. 벌금이 무서워도 할 수 없이 주차금지 구역에 주차한 뒤 급히 일을 보는 경우도 있습니다. 볼 일이 끝나면 재빨리 주차한 곳으로 돌아가야 하죠. 재미있게도 오래 있고 싶지 않은 자리에서는 좋은 핑계가 되기도 해요.

즐거운 드라이브가 되시길!
Bonne route!
본느 후뜨
■ 장거리 운전을 앞둔 사람에게 이렇게 말해보세요.

깜빡이 (켜)!
Clignotant!
끌리뇨떵
■ 운전이 익숙하지 않으면 깜빡이 켜는 것을 잊기도 하지요.

비상등 켜!
Mets les warnings!
메 레 와흐닝그
■ 프랑스에서도 앞차에 문제가 있거나 정체로 갑자기 속도를 줄이면 비상등으로 신호를 합니다.

빨간 신호인데 통과해버렸어!
J'ai grillé un feu rouge!
제 그히예 앙 프 후쥬
■ 편한 사이에 쓰는 표현이에요. 익숙하지 않은 곳에서는 실수할 수 있으니 주의하세요!

백미러
rétroviseur(m)
헤트호비죄흐

주차장
parking(m)
빠흐낑(그)

와이퍼
essuie-glace(m)
에쒸-글라쓰

주차하다
se garer
쓰 갸헤

이곳은 주차금지입니다.
Il est interdit de se garer ici.
일 레 땡떼흐디 드 쓰 갸헤 이씨

경찰관
policier(m)
뽈리씨에

기다려요!
Attendez!
아떵데

[자두를 땄다?]
구어에서 '주차 위반 딱지를 떼었다!'라고 할 때 J'ai pris une prune! [제 프히 윈 프휜느]라고 말합니다. prune은 '자두'인데요, 구어에서는 '위반, 경범죄'라는 뜻이에요. 프랑스에서 운전하다보면 로터리식 교차로가 어려운데요. 파리의 개선문도 로터리라서 개선문 주위를 빙글빙글 돌다가 자기 길로 나갑니다. 프랑스의 방사형 도로망을 효율적으로 사용하는 방법이지요.

Part 7

친구 사귀기
Se faire des amis en France

프랑스 사람들과는 '볼뽀뽀' bise [비즈]로
인사하세요. 친해지면 집으로 초대해보세요.

친구 소개
07-01

내 친구 에릭이야.
C'est Eric, un ami à moi.
쎄 에힉, 아 나미 아 므와

서로 모르는 친구를 소개해줄 때 이렇게 말하세요. 프랑스에서는 자기를 소개하거나 남을 소개할 때는 이름을 먼저 말합니다. 직장에서도 자기소개를 할 때는 지위나 신분이 아닌 자신의 이름이 먼저입니다. 사람과 개성을 중요시하는 프랑스 사람들은 지위나 신분을 소개하는 것을 '자기소개'라고 생각하지 않아요.

[프랑스의 파티 '페뜨']
프랑스에서는 페뜨(fête)라고 해서 많은 사람들을 집으로 초대하고 음식에 둘러앉아 담소를 나누거나 음악을 틀고 춤을 추기도 하며 즐기는 일이 많습니다. 친구를 초대하는 것은 물론, 가족이나 동료들, 이웃까지 초대하는 일도 있어 만남의 장이 되기도 해요. 페뜨를 좋아하는 이웃이 있으면 소음은 감수해야 하지요.

내 남자친구 앙뜨완느야.
C'est Antoine, mon ami.
쎄 엉뜨완느, 모 나미
▌un ami [아 나미]라고 하면 그냥 '친구'지만, '나의' mon [몽]을 붙여 mon ami [모 나미]라고 하면 '내 남자친구'라는 뜻이 됩니다.

내 동료 카밀이야.
C'est Camille, ma collègue.
쎄 까미-으, 마 꼴레그

그리고, 니콜라, 그녀의 남편.
Et Nicolas, son mari.
에 니꼴라, 쏭 마히
▌성은 빼고 이름만 말합니다. 손으로 가리키면 더 자연스럽죠.

끌로에예요.
C'est Chloé.
쎄 끌로에
▌또는 '나는 끌로에예요' Je suis Chloé. [쥬 쒸 끌로에]나 '끌로에라고 해요' Je m'appelle Chloé. [쥬 마뻴 끌로에]라고 말하면 됩니다.

동료
collègue(m/f)
꼴레그

남편
mari(m)
마히

아내
femme(f)
팜므

내 남자친구 앙뜨완느야.
C'est Antoine, mon ami.
쎄 떵뜨완느, 모 나미

당신이 앙뜨완느군요!
C'est toi, Antoine!
쎄 뜨와, 엉뜨완느

> 소개 인사말

처음 뵙겠습니다.
Enchantée.
엉성떼

Enchantée는 여성형으로 어미에 e가 붙습니다. 남성이라면 Enchanté. [엉성떼]라고 하는데, 발음은 같아요. 이렇게 말하면서 악수나 '볼뽀뽀' bise [비즈]를 나눕니다.

[볼뽀뽀]
'볼뽀뽀' bise [비즈]는 양볼을 살짝 맞대고 입으로 '쪽'하는 소리를 내는 인사입니다. 진짜로 뺨에 뽀뽀를 하기도 합니다. 지역별로 볼뽀뽀를 하는 횟수가 다르기도 해요. 파리는 좌우 한 번씩 두 번이지만, 지방에 따라서는 세 번, 네 번도 있습니다. '저는 세 번 하는 사람이에요'라고 말하는 사람도 있어요. 보통은 알고 있고 친한 사람과 하지만 처음 만나서 하는 경우도 있습니다.

당신이 미나 씨군요!
C'est toi, Mina!
쎄 뚜와, 미나
▌'드디어 만났네요. 만나고 싶었어요!'라는 뉘앙스입니다.

(그가) 당신 얘기 많이 했어요.
Il m'a beaucoup parlé de toi!
일 마 보꾸 빠흘레 드 뜨와
▌처음으로 가족이나 친구를 소개 받았을 때 많이 듣게 되는 대화입니다.

좋은 얘기면 좋을 텐데요.
En bien, j'espère!
엉 비엉, 졔스뻬흐

연락처 교환 🔊 07-02

전화하자!
On s'appelle!
옹 싸뻴(르)

헤어질 때 많이 쓰는 표현입니다. '전화해줄래?' Tu m'appelles? [뛰 마뻴(르)], '전화할게!' Je t'appelle! [쥬 따뻴(르)]라고 하기도 합니다. 헤어질 때의 인사 같은 표현이에요. 손으로 엄지와 새끼손가락만 세워 수화기처럼 귀에 대는 제스처를 함께 하기도 합니다.

[메시지 보내!]
요즘은 프랑스에서도 SNS 사용과 문자메시지 교환이 일상적입니다. 프랑스에서 가장 많이 사용하는 메신저는 페이스북 메신저라고 합니다. 하지만 다른 나라와 비교하면, 프랑스인들의 메신저 사용은 매우 적다고 하네요.

메일 주소는 뭐야?
C'est quoi ton adresse e-mail?
쎄 꾸와 또 나드헤쓰 이-메일(르)

메일 주소 뭐였더라?
C'était quoi déjà, ton adresse e-mail?
쎄떼 꾸와 데자 또 나드헤쓰
▌'알고 있었는데…'라는 뉘앙스를 déjà [데자]로 표현해요. 구어로 '도대체, 그런데'라는 의미예요.

전화번호 알려줄게.
Je te laisse mon numéro.
쥬 뜰 레쓰 몽 뉘메호

네 전화번호 안 가지고 있는데.
J'ai pas ton numéro.
제 빠 똥 뉘메호
▌'네 전화번호 잃어버렸어!'라는 의미로 쓰기도 해요.

전화하자!
On s'appelle!
옹 싸뻴(르)

응, 나중에 봐!
Oui, à plus!
위, 아 쁠뤼쓰

망토
cape(f)
까쁘

[언제 한번 밥이나 먹자!]
정확하게 약속을 정하지 않고 말하는 '전화하자!', '밥이나 먹자!'는 말은 우리나라와 마찬가지로 의례적인 인사입니다. 진지하게 '언제?'라고 묻지 마세요.

저녁 외출

오늘 저녁에 외출할까?
On sort ce soir?
옹 쏘흐 스 쓰와흐

술자리를 제안하는 말이기도 하지만, 영화 보자고 할 때나 레스토랑에 가자고 할 때도 이렇게 말해요. 프랑스에는 식사를 안주 삼아 술을 마시는 문화는 없습니다. 프랑스 사람들이 술을 마시자고 할 때는 식사 전의 아페리티프나 식사 후에 따로 바에서 마시는 술을 말해요.

[다양한 건배사]
Santé! [썽떼]는 직역하면 '건강을 위하여!'라는 뜻이에요. '당신(너)의 건강을 위하여!' À votre(ta) santé! [아 보트흐(따) 썽떼]의 줄임말입니다. À la vôtre! [알 라 보트흐] 또는 Tchine! [쥔]이라고 말하기도 해요. 두 표현 모두 건배할 때 씁니다. 프랑스에는 '원샷'이 없어요. 오히려 한번에 잔을 다 비우면 놀랍니다. 술을 마실 때는 상대방의 눈을 보는 것이 매너라고 하네요.

뭐 마실래?
Tu prends quoi?
뛰 프헝 꾸와

건배!
Santé!
썽떼

한 잔 더?
Un autre?
아 노트흐
▍'이제 슬슬 갈까? 아니면 더 있을래?'라는 의미을 포함하고 있어요.

같은 걸로 부탁합니다!
La même chose, s'il vous plaît!
라 멤(므) 쇼즈, 씰 부 쁠레
▍이렇게 말하면서 비운 잔을 가리키면, 같은 술을 갖다 줍니다. 웨이터가 너무 잘 기억하고 있어서 깜짝 놀랄 거예요.

같은 걸로 주세요.
La même chose, s'il vous plaît.
라 멤(므) 쇼즈, 씰 부 쁠레

카운터
comptoir(m)
꽁뜨와흐

바
bar(m)
바흐

맥주
bière(f)
비에흐

피스타치오
pistache(f)
삐스따슈

식사 제안
07-03

괜찮은 레스토랑을 알고 있어.
Je connais un resto sympa!
쥬 꼬네 앙 헤스또 쌩빠

가격이 합리적이고 맛 좋은 정통 레스토랑을 알고 있거나 그곳의 단골이라면 프랑스 사람들 사이에서 자랑거리가 하나 있는 셈이에요. 식품점이나 케이크 가게 같은 맛집 정보 교환도 활발합니다. 인기 레스토랑 중에는 예약을 받지 않는 곳도 있어서 한겨울 추위에도 사람들이 길게 줄 선 모습을 자주 볼 수 있어요. 불평하지 않고 당연하단 듯 수다를 떨며 즐겁게 순서를 기다립니다.

[여행 가이드북 활용하기]
프랑스에 오래 산 경우가 아니라면 어느 곳이 좋은지 잘 모를 때가 많아요. 이럴 때는 우리나라에서 나온 가이드북이나 블로그를 참고하는 것도 좋은 방법이에요. 프랑스에서 찾아보는 것보다 더 상세하고 사진도 많아서 도움이 되지요.

같이 점심 먹을래?
On déjeune ensemble?
옹 데죈(느) 엉썽블르

오늘 밤, 시간 있어?
T'es libre ce soir?
떼 리브흐 스 쓰와흐
▌구어에서는 Tu es [뛰 에]를 줄여 T'es [떼]로 말하는 경우가 많습니다.

한 잔 마실까?
On va prendre un verre?
옹 바 프헝드흐 앙 베흐

저녁 살게.
Je t'invite à dîner.
쥬 땡비뜨 아 디네
▌술을 마시는 건 흔한 일이지만, 저녁식사 대접은 특별한 의미를 갖는 경우도 있어요.

아침 식사
petit déjeuner (m)
쁘띠 데죄네

점심 식사
déjeuner (m)
데죄네

저녁 식사
dîner (m)
디네

| 제안 수락 |

기꺼이!
Avec plaisir!
아벡 쁠레지흐

아주 기쁘게 승낙하는 표현이에요. 오른쪽에 제시된 표현은 아래쪽으로 갈수록 기쁨의 강도가 약해지는 대답입니다. 상황에 따라 알맞은 표현을 골라 써보세요.

[몸짓 언어가 진실]
같은 말이라도 어떤 태도와 느낌으로 얘기하느냐에 따라 그 뜻이 달라지겠죠? Avec plaisir! 나 오른쪽 답변들도 얼마든지 부정적인 표현이 될 수 있어요. 프랑스 사람들은 몸짓 표현이 풍부해서 속마음이 잘 읽히는 편인 것 같아요.

좋은 아이디어야!
Bonne idée!
보 니데

안 될 것 없지! 물론이지!
Pourquoi pas?
뿌흐꾸와 빠
▌어깨를 으쓱하는 제스처와 함께 말해보세요.

네가 원한다면.
Si tu veux.
씨 뛰 브
▌'나는 어느 쪽이든 괜찮아'라는 뉘앙스입니다. Avec plaisir! 만큼 의욕적인 대답은 아니지만 역시 긍정적인 대답입니다.

너무 가고 싶은데….
Je veux bien mais…
쥬 브 비엥 매
▌거절할 때 자주 쓰는 표현이죠. 물론 정말 가고 싶은데 못 가는 경우도 이렇게 말하세요.

이게 뭘까?
Qu'est-ce que c'est?
께-스 끄 쎄

배고프다!
J'ai faim!
제 펭

맛있겠다!
Ça a l'air bon!
싸 알 레흐 봉

| 집으로 초대하기 | 07-04 |

경기 보러 와!
Viens voir le match!
비엉 브와흘 르 마츄

프랑스에서는 국가대표 축구 시합이 있는 날이면 나라 전체의 분위기가 고조됩니다. 특별히 중요한 시합이 있는 날엔 TV가 있는 카페에 모여서 보거나 친한 사람들끼리 집에서 모여 관전하기 때문에 길에 돌아다니는 사람이 없을 정도예요. 프랑스팀이 골을 넣으면, 여기저기서 동시에 함성 소리가 들려서 TV를 보고 있지 않더라도 '아, 골을 넣었구나' 하고 알게 됩니다.

프랑스팀 파이팅!
Allez les Bleus!
알레 레 블르

▌프랑스 국가대표 팀의 색깔은 파랑이죠. 그래서 Allez les Bleus! [알레 레 블르]라고 외치거나 연호하며 노래합니다. 우리의 붉은 악마를 보는 느낌이에요.

넣어라, 슛!
Allez, tire!
알레, 띠흐

▌골을 넣으면 '골!'이라는 뜻으로 But! [뷔]라고 환호성을 지르죠. 우리말도 흥분해서 '고~~~~~~~~울'이라고 하듯 Buuuuuuuuuuuuuuuuuuut!라고 길게 늘여 말하기도 합니다.

[이겼다!]
응원하는 팀이 이겼을 때는 '이겼다!'라는 뜻으로 On a gagné! [오 나 갸녜]라고 소리칩니다.

그쪽이 아니야!
C'est pas par là!
쎄 빠 빠흘 라

▌축구 보는 모습은 어느 나라나 비슷한 것 같아요. 방향을 잘못 잡았을 때는 '왼쪽이야!' Á gauche! [아 고슈]라고 외치기도 합니다.

텔레비전
télé(f)
뗄레
▌télévision [뗄레비지옹]의 줄임말이에요.

축구
foot(m)
풋트
▌football [풋볼]을 줄여서 이렇게 불러요.

시합
match(m)
마츄

> 초대하는 말

우리집에 저녁 먹으러 올래?
Tu viens dîner à la maison?
뛰 비엥 디네 알 라 매종

프랑스 사람들은 서로 친해지면 집으로 식사 초대를 합니다. 초대를 받으면 그 다음에는 자기 집으로 초대하는 것이 매너입니다. 제대로 된 디너를 준비하기도 하고 간단한 다과를 먹기도 하는데요, 중요한 건 식사보다 담소를 나누며 마음을 여는 거예요. 그러니 초대한 손님을 대접하려고 음식에만 집중하느라 요리를 위해 주방에 틀어박혀 있는 건 초대의 취지에 맞지 않겠죠?

[뭐 가지고 갈까?]
친한 사이라면 '그럼, 마실 거 가지고 와'라고 부탁하곤 해요. 대접 받을 요리에 맞춰 준비하면 좋은데요, 대체로 와인, 그 중에서도 레드가 대중적이에요. 선물용으로 좋은 것을 들고 가는 것이 좋습니다. 축하할 일이 있을 때는 샴페인을 차갑게 해서 들고 가는 것도 센스!

뭐 가지고 갔으면 하는 거 있어?
Tu veux que j'apporte quelque chose?
뛰 브 끄 쟈뽀흐뜨 껠끄 쇼즈
▌정식 디너가 아니라면 '나도 뭔가 준비해서 가지고 갈게'라고 제안해보세요.

아니, 없어. 걱정하지 마!
Non, rien du tout, t'inquiète!
농, 히엥 뒤 뚜, 뗑끼에뜨
▌t'inquiète. [뗑끼에뜨]는 Ne t'inquiète pas. [느 뗑끼에뜨 빠]를 줄인 구어체 표현입니다.

뭔가 마실 것을 가지고 오면 좋을 것 같아!
Si t'amènes de la boisson, ça sera sympa!
씨 따멘느 들 라 브와쏭, 싸 쓰하 쌩빠
▌t'amènes. [따멘느]는 tu amènes. [뛰 아멘느]를 줄인 구어체 표현이에요.

주방, 부엌
cuisine(f)
뀌진느

싱크대
évier(m)
에비예

식기용 세제
liquide vaisselle(m)
리끼드 베셀르

냄비
cocotte(f)
꼬꼬뜨

주전자
bouilloire(f)
부이으와흐

레인지
cuisinière(f)
뀌지니에흐

오븐
four(m)
푸흐

손님 응대
07-05

내 집이라 생각하고 편히 있어.
Fais comme chez toi.
페 꼼(므) 쉐 뜨와

초대한 손님을 맞이하면서 환대하는 뜻을 담아 이렇게 말합니다. 우리나라에서도 집에 친구를 초대해서 '편히 계세요'라고 말하는 것과 같아요. 프랑스에서는 친구를 집에 초대하는 경우가 많기 때문에 초대받은 사람도 무례하지 않는 선에서 편하게 있는 것이 매너예요. 집안에 있는 그림이나 소품이 있다면 '어떤 그림인가요? 이건 어디서 난 거예요?'라고 물으면서 자연스럽게 대화를 이어 나갑니다. 꼬마 아이들도 이런 문화에 익숙하기 때문에 손님이 오면 자연스럽게 말을 건넵니다.

[신발을 신은 채로 들어가도 되나요?]
프랑스의 집은 일반적으로 신을 신은 채로 들어갑니다. 간혹 우리나라처럼 신발을 벗고 생활하는 집도 있는데요, 그럴 땐 주인이 알려줍니다.

들어와! (초대한 사람이 친한 사람이고 한 명일 때)
Entre!
엉트흐
▌문을 열고 손님을 안으로 맞을 때 '어서와!'라는 표현입니다.

코트 이리 줘.
Donne-moi ton manteau!
돈(느)-므와 똥 멍또
▌손님이 집으로 들어오면 코트를 받아 주름이 가지 않도록 옷걸이에 걸거나 침대 위에 잘 개어 둡니다.

앉아.
Assieds-toi.
아씨에-뜨와
▌소파로 안내하면서 이렇게 말하세요.

뭐 마실래?
Qu'est-ce que tu veux boire?
께-스 끄 뛰 브 브와흐
▌프랑스에서는 먼저 집으로 초대하면 음료부터 권합니다.

초대해줘서 고마워요.
Merci pour l'invitation.
멕씨 뿌흘 렝비따씨옹

안녕!
Bonsoir!
봉쑤와(흐)

들어와! (초대한 사람이 여러 명일 때)
Entrez!
엉트헤

난간
rambarde (f)
헝바흐드

복도
couloir (m)
꿀르와흐

문
porte (f)
뽀흐뜨

벨
sonnette (f)
쏘네뜨

| 친구 집 방문 |

이건 널 위한 거야.
C'est pour toi.
쎄 뿌흐 뜨와

집에 초대를 받았을 때는 초콜릿이나 꽃 같은 가벼운 선물을 준비합니다. 집들이나 생일 같은 날엔 큰 선물을 하기도 합니다. 집에 들어가서 선물을 건네며 이렇게 말하세요. 받는 사람은 '이걸 나한테?'라는 뜻으로 C'est pour moi? [쎄 뿌흐 므와]라고 답합니다.

집 구경 좀 시켜 줄래?
Tu me fais visiter?
뛰 므 페 비지떼
▮ 처음 집에 온 손님에게는 먼저 집안을 보여주는데요. 방이 따로 없는 스튜디오(원룸)일 때는 이런 말을 하지 않아요.

멋진 집이네!
C'est sympa chez toi!
쎄 쎙빠 쉐 뜨와
▮ 집을 다 보고 나면 이렇게 말하세요.

뭐가 있어?
Tu as quoi?
뛰 아 꾸와
▮ 초대한 집주인이 '뭐 마실래?'라고 물어보면 이렇게 말할 수 있습니다. 집주인이 '별 거 없어' Pas grande chose. [빠 그헝드 쇼즈]라고 대답하기도 해요.

인테리어
décoration d'intérieur(f)
데꼬하씨옹 뎅떼히외흐

관엽식물
plante(f)
쁠렁뜨

회화, 그림
tableau(m)
따블로

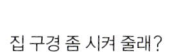

코트 걸이, 옷걸이
portemanteau(m)
뽀흐뜨멍또

고마워.
Merci.
멕씨

코트 이리 줘.
Donne-moi ton manteau.
돈(느)-므와 똥 멍또

식사하기
07-06

식사하세요! (밥 먹자!)
À table!
아 따블르

요리가 다 준비되었을 때 하는 말이에요. 가정에서 엄마나 아빠가 식사를 다 준비하면 이렇게 말하며 아이들을 식탁으로 부릅니다. 식탁에 앉는 규칙이 정해진 건 아니지만 프랑스에서는 남, 여, 남, 여 순서로 번갈아 앉는 문화가 있습니다. 초대 받은 집에 아이들이 있다면 아이들이 식사하는 자리를 따로 마련해주거나 먼저 먹이고 어른들은 느긋한 식사를 즐기는 경우가 많습니다.

[Bon appétit!]
음식을 준비한 사람이 '맛있게 드세요!, 자, 드세요'라고 하는 말입니다. 초대받은 사람은 '감사합니다' Merci. [멕씨]라고 하고 음식을 먹지요. 이 표현은 예전에는 품위 없는 표현으로 취급받았다고 하는데요, 요즘은 일반적으로 두루 쓰는 말이에요. 하지만 아직도 사용하지 않는 게 품위 있다고 생각하는 사람들도 있다고 하네요.

와인 마시고 싶은 사람?
Qui veut du vin?
끼 브 뒤 벵
▌이렇게 물어보면 '나!' Moi! [므와]라고 말하면 됩니다. 아니면 눈을 마주치거나 손으로 신호를 하세요. 와인은 대부분 집주인 또는 나이든 남자가 따릅니다. 여성의 경우 자기 잔이 비어서 더 마시고 싶을 때는 '와인 주세요'라고 부탁하거나, 옆에 있는 자기 남자친구에게 '따라 줄래?'라고 말하기도 합니다.

냄새(향기) 좋다!
Ça sent bon!
싸 썽 봉
▌치즈를 좋아하는 사람이라면 냄새가 강한 치즈에도 이렇게 말해요.

많이 먹어! (덜어서 먹어!)
Sers-toi!
쎄흐-뜨와
▌가정집에서는 큰 접시에 요리를 담아 내고 각자 덜어 먹습니다. 이때는 여성이 먼저 음식을 덜어가도록 배려하지요.

식사하세요!
À table!
아 따블르

병(항아리/통)
pot(m)
뽀

액자
cadre photo(m)
꺄드흐 포또

램프
lampe(f)
렁쁘

식사 대화

맛있다!
C'est très bon!
쎄 트헤 봉

식사에 초대받은 경우에는 음식에 대해 칭찬을 하는 것이 매너입니다. 맛있다는 칭찬 뒤에 '어떻게 만들었어?, 어디에서 구했어?'라고 하면 자연스럽게 추켜세우는 말이 되지요.

[독특한 프랑스 음식]
프랑스 음식은 세계적으로 많이 알려져 있지만 특정한 종류의 치즈나 내장을 이용한 요리 등은 적응하기 어려워하는 사람도 있습니다.

맛있다!
C'est délicieux!
쎄 델리씨으

이건 나한테는 좀 어렵다.
C'est un peu difficile pour moi.
쎄 땅 쁘 디피씰르 뿌흐 므와

▌향이나 식감이 맞지 않을 때는 이렇게 말하고 살짝 피할 수 있습니다. 미리 알았다면 자기 접시에 덜지 않는 편이 좋지요.

충분히 먹었어요.
J'ai assez mangé.
졔 아쎄 멍줴

와인 줄까?
Tu veux du vin?
뛰 브 뒤 벵

고마워.
Merci.
멕씨

맛있다!
C'est bon!
쎄 봉

스툴
tabouret(m)
따부헤

레드 와인
vin rouge(m)
벵 후쥬

화이트 와인
vin blanc(m)
벵 블랑

모임을 마칠 때
07-07

그만 가볼게.
On va pas tarder.
옹 바 빠 따흐데

식사를 마치고 갈 시간이 되었다면 '그만 실례할게'라는 뉘앙스로 이렇게 말하세요. 구어체라서 부정형을 만드는 ne를 생략할 수 있어요. 직역하자면 '지체하지 않을 거야'라는 뜻입니다. 초대받은 사람이 여러 명일 때는 누군가 이렇게 말하면 '나도!' Moi, non plus. [므와, 농 쁠뤼]나 '우리도!' Nous, non plus. [누, 농 쁠뤼]라고 하며 집에 갈 채비를 하곤 합니다.

[지하철 막차]
밤새도록 놀며 대화를 나누기도 하지만, 파리의 지하철은 마지막 운행이 새벽 1시 정도라 지하철이 끊기기 전에 모임을 마치는 일이 많습니다.

정말 즐거웠어.
C'était vraiment sympatique.
쎄떼 브헤멍 쎙빠띠끄

와 줘서 고마워!
Merci d'être venu(e)(s)!
멕씨 데트흐 브뉘
▌손님이 '대접해줘서 고마워'라고 인사하면 집 주인이 이렇게 답합니다.

나야말로.
Merci à toi.
멕씨 아 뜨와
▌와 줘서 고맙다는 인사에 '나야말로 고마워'라고 답하는 표현이에요. 또는 '아무것도 아니야'라고 말하고 싶을 때는 De rien. [드 히엥]이라고 하세요.

정말 즐거웠어!
C'était très sympa!
쎄떼 트헤 쎙빠

와 줘서 고마워.
Merci d'être venu.
멕씨 데트흐 브뉘

또 만나!
À bientôt!
아 비엥또

마루, 마루판
parquet(m)
빠흐께

바닥
sol(m)
쏠

선물 전달

너에게 작은 선물이 있어!
J'ai un petit cadeau pour toi!
쩨 앙 쁘띠 꺄도 뿌흐 뜨와

기회가 있으면 프랑스 사람들은 센스 있는 선물을 주고 받습니다. 특히 축하할 일에 맞는 합리적인 선물을 하는 게 예의예요. 가벼운 자리에 지나치게 비싼 선물을 하면 서로 어색해지거든요. 선물을 받을 때에는 '고마워. 정말 멋져!' Merci, c'est magnifique! [멕씨, 쎄 마니피끄]라고 하고 답하세요. 말뿐만 아니라 다양한 제스처로 고마움을 표현하는데요, 사람에 따라서는 와락 끌어안기도 하고 '볼뽀뽀' bise [비즈] 를 하기도 합니다.

[petit [쁘띠]는]
petit [쁘띠]는 '작다'는 뜻과 함께 '괜찮은, 어지간한, 센스 있는'이라는 뉘앙스로 많이 사용해요. '이 와인(비싸지 않지만) 괜찮네.'라고 말하려면 J'aime bien, ce petit vin. [젬 비엥, 쓰 쁘띠 벵]라고 하지요.

깜짝 선물이 있어!
J'ai une petite surprise pour toi!
제 윈 쁘띠뜨 쒸흐프히즈 뿌흐 뜨와
▌상대방이 기대하지 않는 선물을 준비했을 때 하는 표현이에요.

너무 친절해!
C'est trop gentil!
쎄 트호 졍띠
▌선물을 받을 때 자주 하는 감사의 표현입니다.

그럴 필요 없었는데!
Il fallait pas!
일 팔레 빠
▌'뭘 이런 걸 사왔어!'라고 하는 표현과 비슷해요.
선물을 받았을 때 감사를 표현하는 말 중 하나입니다.

내가 갖고 싶던 바로 그거야!
C'est exactement ce que je voulais!
쎄 떼그작뜨멍 스 끄 쥬 불레
▌선물을 받았을 때 이렇게 말하는 사람들이 많아요.

와, 고마워요!
Ouah, merci!
와, 멕씨

막대 사탕
sucette(f)
쒸쎄뜨

세 갈래로 땋은 머리
tresse(f)
트헤쓰

선물
cadeau(m)
꺄도

깜짝 선물이 있어!
J'ai une petite surprise pour toi!
제 윈 쁘띠드 쒸흐프히즈 뿌흐 뜨와

재회
07-08

오랜만이야!
Ça fait longtemps!
싸 페 롱떵

이 표현은 '오랫동안 못 만났네!' Ça fait longtemps qu'on ne s'est pas vu(e)s! [싸 페 롱떵 꽁 느 쎄 빠 뷔]를 줄인 말이에요.

[보고싶다 친구야!]
오랜만에 친구를 만난 반가움은 나라와 상관없이 비슷하겠죠? '다시 만나서 정말 기뻐!' Ça me fait tellement plaisir de te revoir! [싸 므 페 뗄(르)멍 쁠레지흐 (드) 뜨 흐브와흐], '너 하나도 안 변했어!' T'as rien changé! [따 히엥 셩줴]와 같은 말로 즐거운 수다를 시작하지요.

요즘 어때?
Quoi de neuf?
꾸와 드 뇌프

여전해.
Rien de nouveau.
히엥 드 누보
▌직역하면 '새로운 일은 아무것도 없어.'라는 뜻이지요.

매튜의 근황 알아?
T'as des nouvelles de Matthieu?
따 데 누벨 드 마띠으
▌오랜만에 옛 친구와 만났다면 함께 아는 친구의 근황을 이렇게 묻습니다.

오랜만이야!
Ça fait longtemps!
싸 페 롱떵

잘 지내?
Ça va?
싸 바

단풍(붉은 잎)
feuille rouge(f)
푀이으 후쥬

아기
bébé(m)
베베

유모차
poussette(f)
뿌쎄뜨

트렌치코트
trench(m)
트헨츄

| 추억하기 |

기억나?
Tu te souviens?
뛰 뜨 쑤비엥

오랜만에 친구를 만났다면 지난 이야기들이 화제가 되지요. '그때 그랬던 거 기억나?'라고 이야기를 이어 나갑니다. 이럴 때 쓸 수 있는 표현이에요. 지난 이야기뿐만 아니라 일상에서 '손톱깎이 어디다 뒀는지 기억나?'와 같은 말을 할 때도 쓸 수 있습니다. 연인들 사이에서는 처음 만난 기념일이나 결혼기념일에 '그날 기억해?' 하고 로맨틱하게 사용할 수도 있지요.

응. 기억나!
Ouais, je me souviens bien!
웨. 쥬 므 쑤비엥 비엥

이제는 기억이 안 나.
Je me souviens plus.
쥬 므 쑤비엥 쁠뤼
▌부정의 ne가 생략된 구어체 표현이에요.

어렴풋이 기억나는데.
Ça me dit quelque chose.
싸 므 디 껠끄 쇼즈
▌'뭔가 생각나'라는 뜻이에요. '그 영화 제목 알 것 같아…'라고 할 때도 이렇게 말해요.

그거 나랑 본 거 아닌 거 아냐?
C'était pas avec moi, non?
쎄떼 빠 아벡 므와, 농
▌'이 영화 같이 봤지?'라는 말을 들었는데도 전혀 기억이 안 날 때 이렇게 답해요.

[누구 기억이 맞지?]
프랑스 사람들은 대화하는 것을 아주 좋아합니다. 간혹 서로 누구의 기억이 맞는지 확인하느라 당시의 상황을 설명하며 서로 자기 기억이 맞다고 주장하는 모습을 보게 되기도 하는데요. 자신의 생각을 표현하고 토론하는 것을 좋아하는 프랑스 사람들의 성향을 알 수 있는 장면이지요.

기억나?
Tu te souviens?
뛰 뜨 쑤비엥

도와주기

07-09

기다려! 도와줄게.
Attends! Je vais t'aider.
아떵! 쥬 베 떼데

친구가 무거운 짐을 나르느라 고생하고 있는 것을 보면 이렇게 말하세요. 남성이 호감 있는 여성에게 관심을 표현하고 싶을 때도 자주 쓰는 표현이지요. 남녀평등을 중요하게 생각하는 프랑스 사람들이지만 여성에 대한 배려심도 깊습니다.

[프랑스의 지방 인심]
어느 나라나 도시와 시골의 차이가 있지요. 프랑스 역시 파리와 그 외 지역의 인심이 다르다는 것을 느낄 때가 많습니다. 파리는 바쁜 사람이 많은 도시라 남을 도와주는 일이 드물지만 지방으로 갈수록 사람들의 인심이 좋은 것을 경험할 수 있습니다.

같이 갈까?
Je t'accompagne?
쥬 따꽁빤뉴
■ 집으로 돌아가는 친구에게 '집이나 전철 입구까지 바래다 줄까?'라고 할 때, 또는 '그 일 혼자서 괜찮겠어? 같이 가 줄까?'라고 할 때 써보세요.

도와줄까?
Tu veux un coup de main?
뛰 브 앙 꾸 드 멩
■ '손' main [멩] 대신에 '발' pied [삐에]을 넣으면, '발로 한 대 차 줄까?'라는 전혀 다른 뜻이 되니 주의하세요.

도와줄까?
T'as besoin d'un coup de patte?
따 브즈웽 당 꾸 드 빠뜨
■ patte [빠뜨]는 동물의 다리를 뜻해요. 구어로 사람의 손발 대신 좀 장난스런 느낌으로 사용합니다.

기다리세요, 도와드릴게요!
Attendez, je vais vous aider!
아떵데, 쥬 베 부 제데

노인, 어르신
personne âgée(f.)
뻬흐쏜느 아줴

| 작별 인사

별이 빛나는 하늘
ciel étoilé(m)
씨엘 에뚜왈레

별
étoile(f)
에뚜왈르

키스를 보내.
Je t'embrasse.
쥬 떵브하쓰

헤어질 때나 전화를 끊을 때, 메일이나 편지의 마무리에 두루 사용하는 작별 인사입니다. 친한 친구와 가족에게 사랑의 의미를 담아 덧붙이는 말인데요. 연인 사이가 아닌 경우에도 평범하게 쓸 수 있는 표현이니 오해는 하지 마세요.

[그냥 인사예요.]
프랑스에서는 가족과 친구 사이, 잘 알고 지내는 사이에 인사할 때는 껴안거나 볼뽀뽀를 하는 게 문화예요. 우리에게는 좀 익숙하지 않아서 처음에는 어색할 수 있지만 몇 번 하다보면 자연스럽게 인사로 받아들이게 됩니다. 물론 연인과 할 수 있는 키스는 다르답니다.

파리의 야경
Paris la nuit
빠히 라 뉘이

(인사)키스.
Bise.
비즈
▌친구에게 보내는 메일 끝에, 또는 전화를 끊을 때 씁니다.

쪽!
Bisous!
비쥬
▌프랑스식 인사인 '볼뽀뽀'는 bise [비즈]지요. bisous는 bise의 유아어예요. 하지만 가족이나 연인, 친한 친구 사이 같은 가까운 관계에서는 어른들도 자연스럽게 쓰는 표현이에요.

사랑을 듬뿍 담아 키스를 (보내)!
Gros bisous!
그호 비쥬

쪼~~~~~ 옥!
Bisouuuuuuuuuuuus!
비쥬우우우우우우우
▌좀 더 강조하고 싶을 때는 이렇게 말해요.

에펠탑
tour Eiffel(f)
뚜흐 에펠

조명
éclairage(m)
에끌레하-쥬

Part 8

대화와 토론
Parler au quotidien

프랑스에는 토론도 잘하고 변명도 잘하는
문화가 있습니다. 항상 자신의 의견은 분명히 말하세요.

의견 말하기 1

네 생각에 찬성이야.
Je suis d'accord avec toi.
쥬 쒸 다꼬흐 아벡 뜨와

프랑스 사람들은 누군가의 의견에 동의할 때는 '나는 네가 말하는 게 맞다고 생각해!'라고 꼭 이야기합니다. 그리고 자신의 의견이 다를 때는 분명하게 자신의 주장을 말한 후 '왜냐하면…' parce que… [빠흐쓰 끄]라고 설명을 이어가지요. 대체로 논리적인 토론을 중요하게 생각하지만 이기고 보자는 식으로 대화하는 사람들도 있어요. 토론을 중요하게 생각하는 프랑스 사람들의 성향을 잘 알 수 있습니다.

네 생각에 찬성할 수 없어.
Je ne suis pas d'accord avec toi.
쥬 느 쒸 빠 다꼬흐 아벡 뜨와
■ 이렇게 말한 뒤에 '왜냐하면~' 하고 자신의 근거를 제시합니다.

제(내) 생각에는….
À mon avis…
아 모 나비
■ 자신의 생각을 표현할 때 이렇게 시작하세요.

나는 …라고 생각해
Je pense que…
쥬 뻥쓰 끄
■ 단정적으로 말하지 않고 '나는 이렇게 생각한다'라는 표현이에요.

개인적으로는….
Personnellement…
뻬흐쏘넬르멍
■ '통념과는 다르게 나는 이렇게 생각해'라고 자신의 독자적인 주장을 하는 표현입니다.

[토론을 좋아하는 문화]
프랑스 사람들은 어떤 주제든 토론할 수 있습니다. 개인적인 경험으로 '얼굴이 잘생긴 남자는 머리가 나쁜가?'라는 주제로 두 시간이 넘도록 친구와 이야기했어요. 자신의 생각을 당당하게 표현하는 것이 자연스러운 프랑스의 문화라는 것을 알 수 있는 기회였습니다.

비둘기
pigeon(m)
삐종

응, 하지만….
Oui, mais…
위, 메

네 생각에 찬성할 수 없어.
Je ne suis pas d'accord avec toi.
쥬 느 쒸 빠 다꼬흐 아벡 뜨와

내 생각에는….
À mon avis…
아 모 나비

| 의견 말하기 2

끝까지 들어봐!
Laisse-moi finir!
레쓰-므와 피니흐

토론할 때 반드시 쓰게 되는 말이지요. 열띤 토론을 하다보면 말하는 중간에 끼어드는 경우가 있어서 기싸움을 하게 되거든요. 어지간히 의사가 강하거나 목소리가 크지 않으면 끝까지 말하기가 어렵습니다. 프랑스 사람들은 남의 말을 끝까지 듣지 않는 것은 실례라고 생각하기 때문에 이 한 마디로 주도권을 되찾을 수 있어요. 물론 이런 말이 통하지 않는 경우도 있습니다.

[다양한 제스처]
토론할 때는 프랑스 사람들의 다양한 표정과 제스처를 봅니다. 특히나 토론의 열기가 더해질수록 이런 표현은 더욱 커지는데요. 못마땅하거나 언짢은 표정을 짓기도 하고, 고개를 절레절레 흔들거나 어깨를 으쓱하는 제스처를 취하기도 합니다. 무언의 반론이라고 할 수 있지요. 다양한 제스처도 토론의 일부입니다.

넌 어떻게 생각해?
Et toi? Qu'est-ce que t'en penses?
에 뚜와 께-스 끄 떵 뼁쓰
▌상대방의 의견을 물어보는 경우에 쓰는 표현이에요.

응, 하지만….
Oui, mais…
위, 메
▌프랑스 사람들이 자주 쓰는 대답인데요. '하지만' 뒤에 이어지는 말이 진짜 자기 생각인 경우가 많습니다.

아니야!
Mais, non!
메, 농
▌강한 반대의 표현이죠. 하지만 다행히 열띤 언쟁 뒤에도 감정의 응어리를 남기지 않습니다.

토론, 의논
discussion (f)
디스뀌씨옹

테라스
terrasse (f)
떼하쓰

아니야!
Mais non!
메 농

끝까지 들어봐.
Laisse-moi finir.
레쓰-므와 피니흐.

확신 표현
08-02

그건 분명해.
C'est sûr.
쎄 쒸흐

자신이 틀린 것을 알게 되었을 때는 '아차, 내가 틀렸어!'라는 뜻으로 Autant pour moi! [오떵 뿌흐 므와]라고 말합니다. 구어에서 쓰는 표현이에요.

[jamais로 마무리하는 삼단 대답]
구어에서 많이 쓰는 형태인데요, 예를 들어 누군가가 '지각하지 마!'라고 했다면 그 대답으로 Moi? En retard? Jamais! [므와? 엉 흐따흐? 쟈메!]라고 말합니다. '내가? 지각? 말도 안 돼!'라는 뜻이예요. 다른 예로 늘 반바지를 입고 다니는 친구에 대해 말할 때 Lui? Froid? jamais! [뤼? 프흐와? 쟈메]라고 해서 '걔? 춥다고? 절대!'라고 할 수 있지요. 여러가지로 응용해보세요.

물론이야.
Bien sûr.
비엉 쒸흐
▌'화장실 좀 써도 돼?'라는 질문에 '물론이지'라고 할 때도 쓸 수 있어요.

절대!
Jamais!
쟈메

그럴 줄 알았어!
J'en étais sûr!
져 네떼 쒸흐
▌어떤 일이 벌어진 후에 하는 말입니다.

필립은?
Et Philippe?
에 필립

절대 (싫어)!
Jamais!
쟈메

터틀넥
pull à col roulé (m)
뻴(르) 아 꼴 훌레

카디건
gilet (m)
쥘레

| 낙담 표현 |

그럴 리 없어요!
C'est pas possible!
쎄 빠 뽀씨블(르)

집에서 꼼짝 않고 우편물을 기다리고 있는데 아무래도 우편물이 오지 않아 우체국에 문의를 하면, '우체국으로 반송되었습니다. 직접 가지러 오세요. 아무도 안 계셨죠?'라고 하는 경우가 있습니다. 이럴 때 감탄사처럼 내뱉으며 불만을 전달할 수 있는 표현이예요. 세탁기가 고장 났거나 물이 새는 경우에 이렇게 혼잣말을 하기도 해요.

[부재중이라고요?]
프랑스에서는 우편물을 찾기 위해서 우체국에 줄을 서 있는 모습을 흔히 볼 수 있습니다. 집에서 종일 기다리고 있던 경우에도 건물 현관의 우편함에 '부재중이어서 우체국으로 반송'과 같은 내용의 메모지를 붙여 놓고 가버리곤 하기 때문입니다. 부피가 크거나 무거운 소포인 경우, 사는 곳이 1층 이상인 경우는 더더욱 그렇습니다. 우리나라처럼 우편과 배송에 빠르고 정확하고 친절한 곳이 또 있을까 싶답니다.

믿을 수 없어.
J'y crois pas.
쥐 크화 빠
▮ 집 앞에 도착했는데 주머니에 열쇠가 없을 때 이런 혼잣말을 하지요.

못해.
Je n'y arrive pas.
쥬 니 아히브 빠
▮ 직역은 '거기에는 도달하지 못해!'입니다. '몇 번 시도해 봐도 고쳐지지 않아, 이제 틀렸어' 등의 뉘앙스로 써요.

그는 못할 거야.
Il n'y arrivera pas.
인 니 아히브하 빠

말하는 건 쉽지!
(C'est)Facile à dire!
(쎄) 파씰 아 디흐

세탁 세제
lessive(f)
레씨브

누수
fuite(f)
퓌이뜨

세탁기
machine à laver(f)
마쒼(느) 아 라베

그럴 리 없어!
C'est pas possible!
쎄 빠 뽀씨블(르)

세탁물, 빨래
lessive(f)
레씨브

대화 요청하기

잠깐 얘기할 수 있을까?
Je peux te parler?
쥬 쁘 뜨 빠흘레

프랑스에서는 몸짓이나 표정 같은 바디 랭귀지가 커뮤니케이션의 많은 부분을 차지합니다. 하지만 무엇보다 분명하게 말로 대화를 나누는 것이 중요하지요. 어떤 문제가 생겼을 때는 상대에게 '얘기 좀 할 수 있을까?' 하고 양해를 구하며 말을 시작하는 것이 좋습니다. 회사에서 업무를 부탁하고 싶을 때에도 이 표현을 쓸 수 있지요. 다른 말로는 '잠깐 시간 있어?' T'as une seconde? [따 윈 스공드]도 있습니다.

(지금) 방해될까?
Je te dérange?
쥬 뜨 데헝쥬

얘기하고 싶은 게 있는데.
J'ai quelque chose à te dire.
제 껠끄 쇼즈 아 뜨 디흐
▪ 이 말을 들으면 '좋은 일일까? 나쁜 일일까?' 하고 긴장됩니다.

저기….
Tu sais, …
뛰 쎄
▪ 직역하자면 '알겠지만…'이라는 뜻이지만, 이야기를 시작하기 전에 붙여 주의를 환기시키는 말입니다. 우리말에서 '있지…'라고 말을 시작하는 것과 같아요.

응, (네 얘기) 듣고 있어.
Oui, je t'écoute.
위, 쥬 떼꾸뜨
▪ '얘기 좀 할 수 있을까?' 하고 상대방이 물었을 때, '응, 말해도 돼'라고 하는 대답입니다. 말을 시작하지 못하고 우물쭈물하고 있는 사람에게 '도대체 뭔데?'라는 뉘앙스로 사용하기도 합니다.

네?
Pardon?
빠흐동

잔디(밭)
pelouse(f)
쁠루즈

쓰레기통
poubelle(f)
뿌벨르

독서
lecture(f)
렉뛰흐

방해하는 거 아닐까요?
Je ne vous dérange pas?
쥬 느 부 데헝쥬 빠

마무리하기

그랬단 얘기야.
Ben, voilà.
뱅, 브왈라

어떤 주제로 얘기를 하다가 '그랬단 얘기야' 하고 대화를 끝내고 싶을 때 씁니다. 전화를 끊어야 한다는 것을 넌지시 알리는 방법이기도 하지요. 하지만 눈치채지 못하거나 눈치를 채도 계속 말하고 싶은 사람에게는 잘 통하지 않기도 합니다.

[봉 방~! 바~!]
Ben [뱅]은 bien [비엥]이 구어체 표현으로 변한 말입니다. '그럼~'이라는 뜻으로 Bon, ben [봉, 뱅]이라고 하거나 '음~'이라는 뜻으로 Ben [뱅]이라고 해요. 말 중간 중간에 적당히 끼워 쓸 수 있어요.

자 (그건 그렇고).
Bon.
봉
▎대화가 끝나고 잠깐 정적이 흐를 때, 이렇게 화제를 전환시킵니다.

아이구, 벌써 시간이 이렇게 됐네!
Oh là, il est tard!
올 라, 일 레 따흐
▎'시간 가는 줄 몰랐네! 빨리 가야 해!' 라는 뉘앙스를 포함하고 있어요.

(이제) 가야 해.
Il faut que j'y aille.
일 포 끄 쥐 아이으

어이! (이봐, 얼른 등)
Allez, allez!
알레, 알레
▎가야할 시간이 지났는데도 계속 얘기하고 있는 일행이 있다면 이렇게 재촉해보세요.

공원
jardin(m)
쟈흐뎅

벤치
banc(m)
벙

꽃
fleur(f)
플뢰흐

아이구, 벌써 시간이 이렇게 됐네!
Oh, là, il est tard!
올, 라, 일 레 따흐

가야겠다.
Il faut que j'y aille.
일 포 끄 쥐 아이으

변명하기 1

08-04

아? 그래?
Ah bon?
아 봉

프랑스 사람을 이해하는 데 중요한 것이 바로 '자기변호'입니다. 프랑스에서는 자신의 입장을 제대로 말하지 않으면 잠깐 사이에 불리한 입장에 서게 되거나 처리해야 할 일을 못하게 되기도 하거든요. 하지만 자기변호가 '변명' 또는 '핑계'로 바뀌는 경우도 볼 수 있습니다. 시치미를 떼는 것부터 시작해서 자신이 불리한 상황이 되면 '몰랐어!', '놀랐어!'라는 리액션을 하기도 합니다. 개중에는 너무 속이 들여다보이는 경우도 있지만, 친한 사이라면 알면서도 속아주겠지요.

그거 진짜야?
C'est vrai ça?
쎄 브헤 싸
▎변명할 때는 알고 있었지만 모르는 척하는 뉘앙스가 느껴져요.

왜 그런지 모르겠어.
Je ne sais pas pourquoi.
쥬 느 쎄 빠 뿌흐꾸와

시간을 안 보고 있었어….
J'ai pas vu l'heure…
제 빠 뷔 뢰흐
▎지각했거나 약속에 늦었을 때 이런 말을 하곤 하지요.

시간을 안 보고 있었어.
J'ai pas vu l'heure.
제 빠 뷔 뢰흐

무슨 일 있었어?
Qu'est-ce qui s'est passé?
께-스 끼 쎄 빠쎄

시계
horloge(f)
오홀로쥬

만날 약속
rendez-vous(m)
헝데-부

변명하기 2

내 탓이 아니야.
C'est pas (de) ma faute.
쎄 빠 (드) 마 포뜨

프랑스 사람들은 잘못했더라도 변명부터 하고 봅니다. 잘못을 인정하고 사과하는 우리 문화와는 달라서 처음 프랑스에서 이런 일을 겪는 외국인들은 당황할 때가 있어요. 하지만 자기 입장을 주장하거나 설명해야 해결되는 일이 많은 프랑스에서 생활하다보면 어느 순간 변명이 자연스럽게 나올 때가 있습니다. 그러면 '나도 프랑스 사람 다 됐네'하는 생각이 들 거예요.

일부러 그런 게 아니야!
J'ai pas fait exprès!
제 빠 페 엑쓰프헤
▌아이들도 이런 변명을 많이 해요.

몰랐어….
Je ne savais pas…
쥬 느 싸베 빠

저는 그 일에 아무런 책임이 없어요!
Je n'y suis pour rien!
쥬 니 쒸 뿌흐 히엥
▌항의하거나 불만 신고를 할 때, 불평을 할 때 들을 수 있는 말이에요.

귀찮아.
J'ai la flemme.
제 라 플렘므
▌'안 됩니다! 귀찮으니까요.'라는 변명을 하는 사람도 있어요.

조심해!
Fais attention!
페 아떵씨옹

일부러 그런 게 아니에요!
J'ai pas fait exprès!
제 빠 페 엑쓰프헤

컵
verre(m)
베흐

물
eau(f)
오

명령형으로 말하기 🔊 08-05

기다려!
Attends!
아떵

걸음이 너무 빨라 따라가기 힘들 때, 대화 도중에 '뭐더라, 생각이 안 나. 잠깐 기다려 봐!'라고 할 때, 거슬리는 말을 듣고 '잠깐만! 그게 무슨 뜻이야?'라고 할 때, 이해가 안 되는 일이 있을 때, 고민될 때 혼잣말로, 이런 모든 상황에서 사용할 수 있습니다. Vous [부]로 말하는 상대에게는 attendez! [아떵데]라고 하세요.

[부탁은 정중하게]
부탁하는 입장일 때는 명령형 뒤에 s'il vous plait [씰 부 쁠레]나, s'il te plait [씰 뜨 쁠레]를 붙이면 정중함을 나타낼 수 있어요.

서둘러!
Dépêche-toi!
데뻬슈-뜨와
▌부모가 아이에게 가장 많이 하는 말이지요. 남편이 외출준비를 하는 아내를 재촉할 때도 이렇게 말합니다.

거기 좀 비켜!
Pousse-toi!
뿌쓰-뜨와

보여줘!
Fais voir!
페 브와흐
▌재미있는 걸 보고 있는 사람에게 '나도!'라고 말할 때 쓰는 말입니다.

이것 좀 봐!
Regarde-moi ça!
흐갸흐드-므와 싸
▌예를 들어 어지른 방이나 바닥에 엎지른 음식을 가리키면서 감탄사처럼 사용할 수 있는 표현이예요.

서둘러! **Dépêche-toi!** 데뻬슈-뜨와

기다려! **Attends!** 아떵

화장 **maquillage** (m) 마끼야-쥬

화장품 **produits de beauté** (m) 프호뒤 드 보떼

탄식하는 말

큰일 났네!
Je suis dans la merde!
쥬 쒸 덩 라 메흐드

재밌게도 직역하면 '나는 똥(merde [메흐드]) 속에 빠졌어!'라는 뜻이에요. 속된 표현이라서 상대를 골라서 써야 해요. 아주 친하지 않은 사람 앞에서 쓰면 놀랄 거예요. 보통 한숨을 내쉬며 하는 말입니다.

[merde는 주의해서 쓰세요!]
merde(똥)가 들어간 표현은 실제로 많은 프랑스인들이 사용하고 있고, 이런 표현을 쓰면 좀더 프랑스 사람 같은 느낌을 주지만 프랑스어를 막 배우기 시작한 사람들이 쓰면 거부감을 줄 수 있어요. 자주 듣는 표현이니 알아두는 것이 좋지만 가능한 쓰지 않도록 하세요.

좀 난처한 상황이야!
Je suis bien embêté(e)!
쥬 쒸 비에 넝베떼
▪ 위 표현과 의미가 같지만 조금 더 품위 있는 표현입니다.

어떻게 하면 좋을지 모르겠어….
Je ne sais pas quoi faire…
쥬 느 쎄 빠 꾸와 페흐

더 이상 안 돼!
Je n'en peux plus!
쥬 넝 쁘 쁠뤼
▪ '이런 지루한 생활 못 견디겠어!', '이런 바쁜 생활 못 참아!'라는 뜻으로 쓸 수 있어요.

의기소침해.
Je suis déprimé(e).
쥬 쒸 데프히메
▪ 어떤 일을 실패한 뒤 따라오는 '의기소침', 이유 없는 '무력감', '우울'의 의미로 두루 쓸 수 있습니다.

더 이상 안 돼!
Je n'en peux plus!
쥬 넝 쁘 쁠뤼

인터넷
internet(m)
엥떼흐네뜨

메일
mail(m)
메일르

사무용 의자
chaise de bureau(f)
셰즈 드 뷔호

자료
document(m)
도뀌멍

이해한다고 말하기
08-06

(네 기분) 이해해.
Je te comprends.
쥬 뜨 꽁프헝

파리지앵은 시니컬하다는 인식이 일반적인데요. 파리에서 생활하다보면 불평을 하게 되는 일이 많은 것도 사실이에요. 점원의 태도가 나쁘고, 집 공사는 예상대로 되지 않고, 근거 없는 청구서가 날아오고, 약속 시간에 사람이 나타나지 않고, 사과하지도 않고… 어디나 있는 일 같지만 파리에서는 이런 일들이 자주 일어나서 불평하는 것으로 스트레스를 해소하고 그나마 위로를 받는 것 같습니다.

무슨 말 하는지는 알겠어.
Je comprends ce que tu dis.
쥬 꽁프헝 스 끄 뛰 디
▌ 상대방이 '내가 무슨 말 하는지 알겠지?' 하고 하소연할 때 이렇게 대답하세요.

네 말이 맞아!
T'as raison!
따 헤종

나라도 그랬을 거야.
J'aurais fait pareil.
죠헤 페 빠헤이으
▌ '내가 네 입장이었더라도 똑같이 했을 거야'라는 뜻이지요.

[넌 내 맘 몰라!]
상대방이 공감하더라도 여전히 위로가 안 될 때 '아냐, 넌 몰라'라는 의미로 Non! Tu peux pas comprendre! [농! 뛰 쁘 빠 꽁프헝드흐] 라고 말해요.

사장
président-directeur général (m)
프헤지덩-디헥뙤흐 줴네할

상사
supérieur (m)
쒸뻬히외흐

종업원
employé(e) (m/f)
엉쁠라예

이해해.
Je te comprends.
쥬 뜨 꽁프헝

너무 괴로워요.
C'est très difficile.
쎄 트헤 디피씰르

격려하기

힘내!
Bon courage!
봉 꾸하-쥬

프랑스에서는 '파이팅!'이나 '힘내!'라는 뜻의 말을 자주 하진 않습니다. 대신 '앞으로도 잘해 보세요!'라는 뜻으로 Bonne continuation! [본(느) 꽁띠뉘아씨옹]라고 하지요. 그리고 속설인데 시험을 앞둔 사람에게는 '힘내!'라는 말은 잘 하지 않아요. 대신에 '똥!' Merde! [메흐드]라고 합니다.

[알레, 알레!]
Allez [알레]는 스포츠 응원뿐만 아니라 '자, 자!'라고 하면서 주의를 환기시킬 때도 Allez, allez! [알레, 알레]로 쓸 수 있습니다. 그리고 '어서!', '파이팅!' 등의 의미의 감탄사로 쓰기도 해요. 우리말의 '파이팅!'과 가장 비슷하게 쓰는 말이랍니다.

아자!
Allez!
알레
▎달리기 시합이나 축구 경기를 응원할 때 외치는 소리예요.

가! / 자! 시작해!
Vas-y!
바-지
▎'어떡하지…'하고 주저하고 있는 친구를 북돋울 때 쓰는 말이에요.

정신 차리고!
Tiens-toi bien!
티엥-뜨와 비엥

거의 다 됐어!
Tu y es presque!
뛰 이 에 프헤스끄
▎'그러니까, 포기하지 마!' 하고 응원해줍니다.

퍼즐
puzzle(m)
쀠즐(르)

완구
jouet(m)
쥬에

거의 다 됐어!
Vous y êtes presque!
부 지 에뜨 프헤스끄

힘내!
Allez!
알레

달래기

🔊 08-07

진정해!
Calme-toi!
꺌므-뜨와

방향지시등도 켜지 않고 무례하게 추월하던 차들이 있지요? 이때 운전하던 친구가 싸울 기세로 차를 따라잡으려고 속력을 낸다면 Calme-toi! [꺌므-뜨와]라고 말하세요.

[운전하면 사람이 변한다?]
프랑스 사람들도 '운전을 하면 사람이 변한다'는 말을 곧잘 합니다. 갑자기 난폭해지거나 매너 없는 운전자에게 심한 욕을 하고 손가락으로 욕을 하기도 하지요. 난폭하게 운전하는 차량에 주의의 의미로 경적을 울렸는데도 적반하장으로 나오기도 합니다. '운전을 하면 성격이 나온다'는 말은 어디서나 통하나 봅니다.

마음을 진정시켜.
Reste zen.
헤스뜨 젠(느)
▮ 직역하면 '젠을 유지해'라는 뜻이에요. 프랑스에는 일본의 젠(禅) 문화가 자리잡고 있어서 '마음의 진정, 평안'이라는 뜻으로 사용되고 있습니다.

긴장 풀어…, 진정해….
Relaxe-toi…
흘락쓰
▮ 우리가 자주 쓰는 '릴렉스'지만, 프랑스어 발음은 다릅니다.

별거 아니야!
C'est pas grave!
쎄 빠 그하브
▮ 상대가 실수했을 때 이렇게 말해주세요.

걱정 마!
Ne t'inquiète pas!
느 뗑끼에뜨 빠

오픈카
voiture décapotable(f)
브와뛰흐 데까뽀따블르

지붕
toit(m)
뜨와

선글라스
lunettes de soleil(f)
뤼네뜨 (드) 쏠레이으

진정해!
Calme-toi!
꺌므-뜨와

추월 당했어!
Il m'a doublé!
일 마 두블레

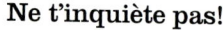

위로하기

그냥 내버려 둬.
Laisse tomber.
레쓰 똥베

다 끝난 일을 가지고 여전히 끙끙거리고 있는 사람에게 '신경 쓰지 마'라고 하고 싶을 때, 연인과의 문제로 고민하는 친구에게 '그런 사람이라면 적당히 그만 둬'라고 하고 싶을 때, 그칠 줄 모르는 상사에 대한 불평에 '적당히 해 둬!'라고 하고 싶을 때 두루 쓰는 표현이에요.

[화해하기]
토론이나 언쟁에서는 공격적인 프랑스 사람들이지만, 싸우고 난 뒤에 '내가 나빴던 거 같아' 하고 사과하면 의외로 '그럴 수도 있어' 하고 자상하게 변하곤 합니다.

괜찮을 거야.
Ça va aller.
싸 바 알레
▪ 들으면 마음이 편해지는 위로의 말이죠. 어깨에 손을 얹으며 다정하게 말하세요.

그런 일도 있어.
Ça arrive.
싸 아히브
▪ '일어날 수 있는 일이니 신경 쓰지 마'라는 뉘앙스입니다.

그런 게 인생이지!
C'est la vie!
쎌 라 비
▪ 예상대로 되지 않아 불안할 때 이렇게 중얼거리며 긍정적인 마음을 회복합니다.

괜찮을 거야.
Ça va aller.
싸 바 알레

말도 안 돼.
C'est pas vrai...
쎄 빠 브헤

연기
fumée (f)
퓌메

앞 유리
pare-brise (m)
빠흐-브히즈

사고
accident (m)
악씨덩

보험
assurance (f)
아쒸헝쓰

조용히 시키기

08-08

그렇게 큰 소리로 말하지 말아줘.
Ne parle pas si fort, s'il te plaît.
느 빠흘르 빠 씨 포흐, 씰 뜨 쁠레

말하는 소리가 시끄러워서 '조용히 말해'라고 할 때 쓰는 표현이지만, 흥분해서 목소리가 커진 사람에게 '그렇게 말하지 마! 무서워!'라는 뉘앙스로도 사용할 수 있어요.

[프랑스 아이들]
아이들은 유독 큰 소리로 이야기를 합니다. 유치원이나 학교에서 큰 소리로 말하는 습관이 있어서 그렇지요. 그래서 집이나 식당, 공공장소에서 엄마들이 아이들에게 조용히 하라는 주의를 주는 모습을 자주 볼 수 있습니다.

쉿!
Chut!
쉿(트)
■ 큰 소리로 말하는 사람에게 주의를 주는 말이에요.

조용!
Silence!
씰렁쓰
■ 많은 인원을 조용히 시키고 싶을 때 쓰는 말이에요. 선생님이 교실에서 이렇게 외칩니다.

귀청 떨어지겠어.
Tu nous casses les oreilles.
뛰 누 꺄쓸 레 조헤이-으
■ 아이가 큰 소리로 소리질렀을 때 자주 쓰는 말입니다.

아기가 자고 있거든요!
Il y a un bébé qui dort!
일 리 아 앙 베베 끼 도흐
■ 예민한 엄마들이 많이 쓰는 말이에요. 아이를 구실로 떠드는 사람을 조용하게 만들 수도 있지요.

귀청 떨어지겠어!
Tu nous casses les oreilles!
뛰 누 꺄쓸 레 조헤이-으

[소근소근]
프랑스 사람들은 말을 많이 하는 것으로 유명하지만 그에 비해 목소리는 작습니다. 상대적으로 미국 사람들은 큰 소리로 말하기 때문에 카페에서는 확연하게 구분됩니다. 가끔 프랑스 사람들이 이런 상황을 불편해하는 것을 들을 수 있어요. 직접 말하지 않고 '큰 소리로 말하네(시끄럽네)'라는 뜻으로 Il parle fort. [일 빠흘르 포흐]라고 수근거립니다.

거절하기

나 좀 내버려 둬!
Laisse-moi tranquille!
레쓰-므와 트헝낄르

달갑지 않은 조언을 하는 사람이 있을 때, 아이가 부모를 귀찮게 할 때 이렇게 말하는데요, 취객이 귀찮게하는 일이 있다면 이렇게 말하며 단호한 태도를 보여주세요. 파리에서는 이런 사람들을 만나는 경우가 더러 있습니다. 더 좋은 방법은 아무 말 하지 않고 도망치는 거예요.

제가 할게요.
Je m'en occupe.
쥬 머 노뀌쁘

너와 상관 없잖아!
Ça ne te regarde pas!
싸 느 뜨 흐갸흐드 빠

나 좀 내버려 둬!
Fiche-moi la paix!
피슈-므와 라 뻬
▪ 구어입니다.

이 정도면 충분해! 그만 해!
Ça suffit, maintenant!
싸 쒸피, 멩(뜨)넝
▪ 아내가 다른 남자와 다정하게 얘기하거나, 즐겁게 춤을 추고 있을 때 남편이 할 법한 말이에요.

시간 있어요?
Mademoiselle, vous avez du temps?
맏므와젤(르), 부 자베 뒤 떵

나 좀 내버려 둬요!
Laissez-moi tranquille!
레쎄-므와 트헝낄르

[내버려 둬!]
Ce ne sont pas tes oignons. [스 느 쏭 빠 떼 조뇽]이라는 표현도 많이 씁니다. 직역하면 '그건 네 양파가 아니야'라는 뜻인데요. '네가 상관할 문제가 아니야!' 또는 '내버려 둬!'라는 뜻의 관용적 표현이에요.

타이즈
collant(m)
꼴렁

무심하게 말하기

08-09

그래서?
Et alors?
에 알로흐

미테랑 전 대통령의 숨겨 둔 자식이 화제가 된 적이 있지요. 그런데 대통령 본인과 프랑스 사람들은 '그래서 어쨌다고?' Et alors? [에 알로흐]라고 했다고 합니다. 별것 아닌 일로 열 내는 사람에게 시큰둥하게 대답하는 표현이지요. 프랑스 사람들의 성향을 잘 보여주는 말 같습니다. 심지어 시라크 전 대통령이 휴가지에서 찍힌 누드 사진이 화제가 된 일이 있었는데, 주위의 프랑스 사람들은 모두 Et alors? [에 알로흐]라고 했다고 해요.

내겐 마찬가지야.
Ça m'est égal.
싸 메 떼갈
▌어떤 느낌으로 말하느냐에 따라 '둘 다 좋아'라는 뜻이 되기도 하고, '다 관심 없어'라는 뜻이 되기도 합니다.

아무거나 상관 없어!
Je m'en fiche!
쥬 멍 피슈
▌같은 뜻이지만 비속어 표현인 Je m'en fous. [쥬 멍 푸]도 알아두세요.

뭐라고 말하길 원해?
Qu'est-ce que tu veux que je te dise?
께-스 끄 뛰 브 끄 쥬 뜨 디즈
▌뭐라고 말할지 모르는 일에 대해 대답을 재촉받으면 이렇게 말해보세요.

좋을 대로.
Comme tu veux.
꼼(므) 뛰 브
▌상대의 의견을 존중할 때도 쓸 수 있지만, '나는 아무래도 상관없어'라는 뉘앙스로 쓰기도 합니다.

그랬단 얘기야.
Ben, voilà.
벵, 브왈라

그래서?
Et alors?
에 알로흐

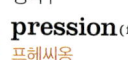
생맥주
pression (f)
프헤씨옹

웨이트리스
serveuse (f)
쎄흐브즈

[공사 구분은 확실히]
프랑스 사람들은 정치가나 연예인처럼 대중 앞에 서는 사람이라도 해야 할 일을 제대로 하고 있다면 사생활이 어떻든 특별히 상관 없다고 생각합니다. 하지만 가십을 좋아하는 것은 사람의 본성, 가십 접시를 몰래 보고 친한 사람들끼리의 대화에서는 화젯거리가 되는 일이 많습니다.

싫다고 표현하기

불쾌해! 역겨워!
C'est dégoûtant!
쎄 데구땅

'더러워!' 또는 '치사해!'라고 할 때도 쓸 수 있어요. 같은 뜻으로 C'est dégueulasse. [쎄 데괼라쓰]라는 표현도 많이 쓰지만, 저속한 표현이므로 주의하세요. 일반적으로는 권장하는 표현은 dégoûtant [데구땅]입니다. 아이들 앞에서는 이렇게 말해야 합니다.

[비속어 사용]
비속어를 쓰면 좀 더 프랑스 사람 같은 느낌을 줄 수는 있지만 미묘한 뉘앙스의 차이를 잘 모르면 상황에 맞지 않게 과격하거나 저속한 표현을 말할 수도 있습니다. 알아두는 것은 도움이 되지만 직접 쓸 때는 주의하세요.

그 여자 좀 기분 나빠.
Elle est pas sympa.
엘 레 빠 썽빠

그 사람 심술궂어.
Il est méchant.
일 레 메썽
▌아이들도 많이 쓰는 말이에요.

그 사람 부담스러워!
Il est lourd!
일 레 루흐
▌집요하거나 상대방을 피곤하게 하는 사람에게 씁니다.

그 여자 좀 이상해.
Elle est bizarre.
엘 레 비자흐
▌'이상한 사람이야'라는 뜻으로도 쓰지만 '오늘 좀 이상해'라고 말할 때도 씁니다.

저 사람 이상해.
Il est bizarre.
일 레 비자흐

친절하지 않네.
Elle est pas sympa.
엘 레 빠 썽빠

사람의 특징 말하기 08-10

키 작은 갈색 머리 여자야.
C'est la petite brune.
쎌 라 쁘띠뜨 브휜느

프랑스 사람들은 신체의 특징이 다양하지요. 키, 수염, 안경, 체격, 머리 색깔, 피부 색깔, 눈동자 색깔, 인종 등으로 사람을 설명할 수 있습니다.

[어느 나라 사람인지 맞춰봐]

과거에는 한국 사람이 길을 걷다 보면 서투른 발음으로 '콘니치와!'나 '니하오!'라고 인사를 건네는 사람들을 만났습니다. 프랑스 사람들에게는 '한국인' le(la) Coréen(ne) [르(라) 꼬헤엥(엔느)], '일본인' le(la) Japonais(e) [르(라) 쟈뽀네(즈)], '중국인' le(la) Chinois(e) [르(라) 쉬느와(즈)]의 구분이 너무 어렵기 때문이죠. 일본은 애니메이션, 만화 등의 문화가 많이 알려져 있고, 중국은 인구가 많기 때문인 것 같습니다. 하지만 한국 문화도 세계로 많이 알려진 요즘은 '안녕하세요!'도 많이 듣습니다.

수염 난 사람이야.
C'est le barbu.
쎄 르 바흐뷔

크고 금발인 사람이야.
C'est le grand blond.
쎄 르 그헝 블롱

나이가 지긋한 남자야.
C'est le monsieur âgé.
쎄 르 므씨으 아줴

▮ '노인'을 말할 때는 le vieux [르 비으]라는 말보다는 '나이가 든'이라는 뜻의 âgé(e) [아줴]를 써서 정중하게 표현합니다.

통통한 부인이야.
C'est la dame ronde.
쎄 라 담(므) 홍드

▮ '뚱보' la grosse [라 그호쓰]는 무례한 표현이 될 수 있으니 주의하세요.

키가 작고, 머리가 길고 짙은 갈색의 웃는 인상
petite, cheveux longs, brune, souriante
쁘띠뜨, 슈브 롱, 브휜느, 쑤히엉뜨

수염난 회색 머리에 그리 키는 크지 않은
barbu, cheveux gris, pas très grand
바흐뷔, 슈브 그히, 빠 트헤 그헝

키가 크고, 금발이고, 파란 눈의
grand, blond, avec les yeux bleus
그헝, 블롱, 아벡 레 지으 블르

지긋한 나이에 백발의 약간 통통한
âgée, cheveux blancs, un peu ronde
아줴, 슈브 블렁, 앙 쁘 홍드

사람의 성격 말하기

그는 내성적이야.
Il est timide.
일 레 띠미드

아이가 인사를 안 했을 때 부모가 이렇게 말하기도 합니다. 하지만 어른이 인사를 잘 하지 않을 때는 특이하거나 이상한 사람이라고 좋지 않게 보지요. Il est bizarre. [일 레 비자흐] '그는 특이해', Elle est folle. [엘 레 폴(르)] '그녀는 미쳤어'라고 험담을 할 때도 있습니다. 인사하는 것을 중요하게 생각하는 프랑스에서는 상점에 갔을 때도 '저기…' 하고 갑자기 용건을 꺼내지 않고 Bonjour! 하고 인사를 먼저하는 것이 예의입니다.

[사람에 대한 평가]
프랑스에서는 '그 사람은 …한 사람인 거 같아' 하고 사람을 평가하는 말을 쉽게 하는 편입니다. 주로 그 사람이 없을 때 이런 말을 하게 되는데요. 처음 만난 사람과 헤어지자 마자 '그 사람 좋은 사람이더라', '그 여자 좀 특이해' 하는 식으로 즉석에서 평가를 내립니다.

그는 좋은 사람이야.
Il est sympa.
일 레 쌩빠
▍가장 흔히 쓰는 무난한 평가입니다. 딱히 좋은 점을 못 찾았을 때에도 이렇게 말해요.

그 여자 말 많이 하더라.
Elle parle beaucoup.
엘 빠흘르 보꾸
▍수다에 지쳤을 때 하는 말이에요.

그 사람 말이 없지?
Il parle pas beaucoup, hein?
일 빠흘르 빠 보꾸, 엥

그 사람 재있어.
Il est marrant.
일 레 마헝
▍유머 감각이 있는 사람을 칭찬하는 표현이에요. 이야기를 잘한다는 뜻도 되고 사람 자체가 재밌다는 뜻도 됩니다.

빨간 머리, 7·8세, 좀 내성적인
**roux, 7. 8ans,
un peu timide**
후, 쎄뜨· 위 떵, 앙 쁘 띠미드

빨간 머리, 단발에 수다쟁이
**rousse, cheveux courts,
parle beaucoup**
후쓰, 슈브 꾸흐, 빠흘르 보꾸

짙은 갈색 머리, 안경 쓴
**chatain, qui porte
des lunettes**
샤떵, 끼 뽀흐뜨 데 뤼네뜨

Part 9

사랑의 언어
Tombez amoureux!

사랑의 도시 파리에는 사랑의 언어가 넘칩니다.
연인과 보내는 행복한 시간을 느껴보세요!

사랑에 빠질 때 하는 말

그 사람 너무 멋있어.
Il est trop beau.
일 레 트호 보

한눈에 반한 사람을 만나면 이런 말이 절로 나오죠? beau [보]는 '아름답다'는 뜻으로 사람이나 사물에 모두 사용하는 단어입니다. 상대가 여성이라면 '그녀는 너무 아름다워' Elle est trop belle. [엘 레 트호 벨(르)]라고 해요. 여성의 성숙함을 아름답다고 생각하는 프랑스에서는 '귀엽다' mignon [미뇽]을 성인 여성에 대한 칭찬으로 쓰지 않으니 주의하세요. trop [트호]는 원래 '너무, 지나치게'라는 뜻인데, 구어에서 '아주' très [트헤] 대신 많이 쓰입니다. 하지만 '너무 맛있어!' C'est trop bon! [쎄 트호 봉]을 연발하면 어린아이 같은 느낌을 줄 수도 있어요.

(그의) 눈이 너무 좋아.
J'adore ses yeux.
자도흐 쎄 지으
- '눈' yeux [이으] 대신에 '손가락' doigts [드와], '입술' lèvres [레브흐], '머리카락' cheveux [슈브]로 바꿔 말해보세요.

나는 사랑에 빠졌어.
Je suis tombée amoureuse.
쥬 쒸 똥베 아무흐즈
- 여성이 하는 말입니다. 남성이라면 Je suis tombé amoureux. [쥬 쒸 똥베 아무흐]라고 하세요.

그 사람 생각이 머리에서 떠나질 않아.
Je n'arrête pas de penser à lui.
쥬 나헤뜨 빠 드 뻥쎄 아 뤼

식욕이 없어….
Je ne mange plus…
쥬 느 멍쥬 쁠뤼
- 마음이 벅차 식욕이 없어지는 사랑의 증상 중 하나죠.

음, 진짜 사랑하는구나….
Eh ben, t'es vraiment amoureuse…
에 벵, 떼 브헤멍 아무흐즈

그에 대한 생각이 머리에서 떠나질 않아.
Je n'arrête pas de penser à lui.
쥬 나헤뜨 빠 드 뻥쎄 아 뤼

줄무늬의
à rayures
아 헤위흐

[몸매가 좋다]
Elle est bonne. [엘 레 본느]는 '그녀는 좋은 사람이다'라는 뜻이 아니라 '그녀는 몸매 좋다'라는 뜻이 됩니다. 상황에 맞게 조심해서 쓰세요.

티폿
théière (f)
떼이예흐

체크무늬의
à carreaux
아 꺄호

> 연인으로 발전할 때 하는 말

남자친구랑 같이 갈게.
Je viens avec mon copain.
쥬 비엥 아벡 몽 꼬뼁

연인이 여성이라면 ma copine [마 꼬뻰느]라고 하세요. copain [꼬뼁]이나 copine [꼬뻰느]는 '친구'라는 뜻의 허물없는 표현입니다. 젊은 사람들끼리, 또는 다정하게 말하고 싶을 때 사용하는 표현이에요. '나의'라고 소유를 나타내는 mon [몽]이나 ma [마]를 붙이면 사귀고 있는 상대가 됩니다. '나의 (그냥) 친구'라고 연인 사이가 아닌 것을 밝히고 싶을 때는 Un copain à moi [앙 꼬뼁 아 므와]라고 하세요.

['아미'는 정중한 표현]
좀 정중하게 말하고 싶은 경우는 copain [꼬뼁] 대신 ami [아미]를 사용합니다. '내 남자친구' mon ami [모 나미], '내 여자친구' mon amie [모 나미], '여자친구' une amie [위 나미]라고 써요.

나랑 데이트할래?
Tu veux sortir avec moi?
뛰 브 쏘흐띠흐 아벡 므와
■ sortir [쏘흐띠흐]는 '외출하다'라는 뜻이지만 문맥에 따라서는 '데이트하다, 사귀다'라는 뜻이 되기도 해요.

지금 사귀는 사람 있어?
Tu vois quelqu'un en ce moment?
뛰 브와 껠깡 엉 쓰 모멍
■ voir는 '만나다'라는 뜻이지만, 이렇게 물어보는 말에서는 '사귀다'라는 뜻으로 써요.

그 사람과 사귀고 있어.
Je suis avec lui.
쥬 쒸 아벡 뤼

그 사람 결혼했어?
Il est marié?
일 레 마히에

지금 사귀는 사람 있어?
Tu es avec quelqu'un en ce moment?
뛰 에 아벡 껠깡 엉 쓰 모멍

아니, 없어.
Non, avec personne.
농, 아벡 뻬흐쏜느

연인에게 하는 말

🔊 09-02

네가 그리워.
Tu me manques.
뛰 므 멍끄

직역은 '당신이 나에게 없어, 간절해!'라는 뜻이에요. 오랫동안 못 만난 상황에 쓰지만 연인 사이라면 잠시 떨어져 있거나 하루 정도 못 만났을 때 모두 쓸 수 있는 표현이에요. 그리고 연인과 함께 있을 때도 '앞으로 헤어질 것을 생각하면 벌써 그리워!'라는 뉘앙스로 씁니다. '벌써 그리워!' Tu me manques déjà! [뛰 므 멍끄 데쟈]라는 표현도 쓰지요.

[데이트 후]

데이트가 끝나면 남자가 여자에게 '데려다 줄게' Je t'accompagne. [쥬 따꽁빤뉴]라고 말하지요. 또는 '바래다 줄래?' Tu m'accompagnes? [뛰 마꽁빤뉴] 하고 먼저 말할 수도 있습니다. 집 앞에 도착하면 '들어갈래?' Tu veux entrer? [뛰 브 엉트헤]라고 물어봅니다.

당신(너)을 생각하고 있어.
Je pense à toi.
쥬 뻥쓰 아 뚜와
- 연인에게 보내는 메일에 종종 등장하는 문구예요.

집에 가기 싫어.
Je ne veux pas rentrer.
쥬 느 브 빠 헝트헤
- 데이트 끝 무렵에 나올 수 있는 말이지요.

나는 너에게 빠져 있어!
Je suis folle de toi!
쥬 쒸 폴 드 뚜와
- folle [폴(르)]는 '미친, 열중한'이라는 뜻이에요. 남성은 folle 대신에 fou [푸]를 사용합니다.

너에게 미쳤어!
Je suis dingue de toi!
쥬 쒸 뎅그 드 뚜와
- '미친, 머리가 돈'이라는 뜻의 구어체 표현이에요.

커플
couple (m)
꾸쁠르

집에 가기 싫어.
J'ai pas envie de rentrer.
쩨 빠 엉비 드 헝트헤

> 연인에게 칭찬하는 말

오늘 예쁘다.
T'es belle, aujourd'hui.
떼 벨(르), 오쥬흐뒤이

프랑스 사람들은 자신의 연인이나 배우자에게 칭찬을 아끼지 않습니다. '와!' 하고 가벼운 감탄사와 함께 칭찬을 하지요. 다른 사람들 앞에서도 자연스럽게 연인이나 가족을 칭찬합니다.

[사랑의 표현]
여기에 소개한 표현들은 연인 사이에 쓰는 것이지만, 아빠가 딸에게 하는 말이기도 합니다. 프랑스 여성들이 애정표현을 자연스럽게 하는 이유도 어렸을 때부터 익숙해졌기 때문이겠지요.

쪽!
Bisous!
비주
▌bisou [비주]는 '키스'의 유아어예요. '안녕!' 하고 헤어질 때 많이 써요.

안아 줘!
Fais-moi un câlin!
페-므와 앙 깔렝
▌애정표현이 자연스러운 프랑스에서는 길에서도 이런 경우를 많이 볼 수 있어요.

응, 내 사랑….
Oui, mon amour…
위, 모 나무흐
▌'저기' 하고 연인이 불렀을 때 사랑스러운 눈길과 함께 이렇게 말하세요.

세상에서 네가 제일 좋아!
Je t'aime plus que tout au monde!
쥬 땜므 쁠뤼 끄 뚜 또 몽드

아내
femme(f)
팜므

오늘 예쁘다.
T'es belle aujourd'hui.
떼 벨(르) 오쥬흐뒤이

남편
mari(m)
마히

사랑의 애칭

09-03

하트
coeur (m)
꾀흐

내 사랑스런 사람(여성)
Ma chérie
마 쉐히

프랑스 사람들은 연인을 다양한 별명으로 부르는데요, 들으면 민망한 애칭을 아무렇지도 않게 부르는 사람들도 있어요. 가장 일반적인 애칭은 chérie [쉐히]인데요, 연인 사이에서는 매우 흔하게 들을 수 있어요. 남성형은 mon chéri [몽 쉐히]라고 합니다. 아이를 이렇게 부르기도 하지요.

[동물 이름 애칭]
애칭으로 많이 쓰이는 게 동물 이름이에요. '나의 새끼 고양이' mon chaton [몽 샤똥], '나의 사슴' ma biche [마 비슈] 등으로 부릅니다. 또 '작은' petit [쁘띠]를 붙여 더욱 다정하게 부르기도 해요. ma petite chérie [마 쁘띠뜨 쉐히], mon petit chaton [몽 쁘띠 샤똥]이라고 합니다.

내 꼬마
Ma puce
마 쀠쓰
▌작은 것이 귀엽긴 하지만 하필이면 puce는 '벼룩'이란 뜻이랍니다.

내 공주님
Ma princesse
마 프헹쎄쓰
▌'공주님'은 전 세계 모든 여자들이 좋아하는 명사지요.

나의 천사
Mon ange
모 넝쥬
▌아이들에게도 많이 씁니다.

나의 토끼
Mon lapin
몽 라뼁

왕관
couronne (f)
꾸혼느

나의 천사
Mon ange
모 넝쥬

마법의 지팡이
sceptre (m)
쎕트흐
▌짧고 끝에 별 같은 것이 붙어 있는 것은 baguette magique (f) [바게뜨 마쥐끄]라고 부른답니다.

사랑의 종류

사랑해.
Je t'aime.
쥬 뗌므

'봉쥬르' 다음으로 유명한 프랑스어는 '쥬뗌므'죠. 하지만 프랑스 사람들은 의외로 이 말을 잘 쓰지 않아요. 진심을 담아 하는 말이기 때문에 상당히 무거운 의미가 있어요. 너무 가볍게 이런 말을 남발하는 사람이 있다면 오히려 조심하세요.

[프랑스식 애정표현]
프랑스에서는 사랑하는 연인뿐만 아니라 부모와 자식, 친한 친구 사이에도 끌어안고 볼을 비비며 사랑을 표현합니다. 여러 사람이 모인 자리에서도 이렇게 인사하지요. 사랑하는 마음을 적극적으로 표현하는 프랑스식 애정표현입니다.

(친구로서) 좋아해.
Je t'aime bien.
쥬 뗌므 비엥
▮ '매우' bien [비엥]이 Je t'aime [쥬 뗌므] 뒤에 붙으면 연인 사이에 쓰는 말이 아니라 친구 사이에 쓰는 말로 변합니다.

맘에 들어.
Tu me plais.
뛰 므 쁠레
▮ 시작 단계에 많이 쓰는 말이죠. 서로 호감이 있어서 좋아하는 정도를 표현해요.

당신을 사랑해.
Je suis amoureuse(amoureux) de toi.
쥬 쒸 자무흐즈(자무흐) 드 뜨와

너는 평생의 반려자(여성)야.
Tu es la femme de ma vie.
뛰 엠 라 팜므 드 마 비
▮ 상대가 남성일 때는 la femme [라 팜므] 대신에 l'homme [롬므]라고 해요.

샤크레코르 성당
Sacré-Cœur (m)
싸크헤-꾀흐

연인들
amoureux (m)
아무흐

사랑해.
Je t'aime.
쥬 뗌므

나도 사랑해.
Moi aussi je t'aime.
므와 오씨 쥬 뗌므

Part 10

프랑스 사람처럼 말하기
Voilà vous êtes français!

파리 생활에 완전히 적응했다면
좀 더 자연스런 프랑스어를 써보세요!

추임새

🔊 10-01

괜찮다, 그렇지?
C'est bien, non?
쎄 비엉, 농

문장 끝에 이 한마디를 덧붙이는 것으로 원하는 뉘앙스를 덧붙이거나 더 자연스러운 느낌을 줄 수 있어요. 프랑스어를 훨씬 익숙하게 구사하는 것처럼 들리죠. 여기서 non? [농]하고 덧붙이면 '그렇게 생각지 않아?' 하고 동의를 구하는 뉘앙스를 주지요.

올 거야? 안 올 거야?
Tu viens, ou pas?
뛰 비엉, 우 빠
- ou pas [우 빠]를 붙여서 '어떻게 할 거야?'라는 질문의 뉘앙스를 만들 수 있어요.

그거 예쁘지, 그렇지?
C'est joli, hein?
쎄 쥴리, 엥
- hein [엥]은 '그렇지?' 하고 동의를 구하는 느낌입니다.

그러면 만족했지?
T'es content, alors?
떼 꽁떵, 알로흐
- alors [알로흐]는 프랑스 사람들이 많이 쓰는 표현이에요.

나쁘지 않아.
C'est pas mal, quoi.
쎄 빠 말, 꾸와
- quoi [꾸와]로 허물없는 사이에 쓰는 가벼운 느낌을 줄 수 있어요.

액자
cadre(m)
꺄드흐

괜찮지, 응?
C'est bien, non?
쎄 비엉, 농

미니스커트
mini-jupe(f)
미니-쥡(쁘)

[적당히 쓰는 게 더 자연스러워요!]
tu sais [뛰 쎄]나 quoi [꾸와]를 너무 자주 쓰면 저속한 느낌을 줄 수 있으니 적당히 쓰는 게 좋아요. 적당한 상황에 한두 번 양념처럼 쓰는 게 좋습니다.

| 짧은 대답 |

저런!
Eh ben!
에 벵

좀 더 자연스럽게 말하는 또 다른 팁은 대화 속에 짧고 간단한 추임새를 섞어 사용하는 거예요. 감정을 나타내는 얼굴 표정도 함께 지어 보이면 좋습니다. ben [벵]은 bien [비엥]의 속어라는 점도 알아두세요.

[**속마음이 다 보여요!**]
프랑스 사람들은 몸짓도 많이 사용하지만, 그보다 표정을 통해 기분이 확연히 드러나곤 합니다. 눈을 동그랗게 뜨고 놀라거나 입술이 갈라지는 게 아닌가 걱정될 정도로 입을 옆으로 늘이며 떨떠름한 표정을 짓기도 하죠. 몸짓과 표정만으로도 상대방의 기분과 생각을 거의 다 알 수 있을 정도입니다.

그렇다니까!
Ben, oui!
벵, 위

아~.
Ah, oui.
아, 위

휴….
Pfff.
프
▌한숨 쉬듯 입을 내밀며 '푸'하고 내뱉는 소리죠. 상대방에게 분명하게 들려서 불만이 있다는 것을 알리는데, 프랑스 사람들이 쓰는 것을 자주 들을 수 있습니다.

응응….
Hum, hum.
으흥
▌코에서 나는 것 같은 소리예요. '네 얘기 듣고 있어'라는 신호로 쓰지요.

응응….
Hum, hum.
으흥

잡지
magazine(m)
마가진느

허물없는 표현

응!
Ouais!
웨

'앗싸!' 하는 느낌으로 이렇게 기쁨을 표현하기도 합니다. 원래는 Oui [위]의 속어인데요. '잘 지내?' Ça va? [싸 바]라고 물을 때 Ouais! [웨]라고 대답하면 가벼운 긍정 대답이 됩니다. 프랑스 사람들이 많이 쓰는 말이지만 아이들이 이렇게 말하면 '제대로 Oui [위]라고 말해야지' 하고 지적합니다. 속어니까 친한 친구들 사이에서만 가끔씩 사용하세요. 상황과 상대를 가리지 않고 쓰면 나이 든 프랑스 사람들이 주위를 준답니다.

[회화 특유의 표현]

J'sais pas, moi! [셰 빠, 므와]는 정확히 말하자면 Je ne sais pas, moi! [쥬 느 쎄 빠, 므와]입니다. 앞에서 여러 번 이야기했듯이 구어에서는 ne [느]를 생각하는 경우가 많으며, 심지어 이걸 더 줄여서 je가 j'가 되기도 합니다. 일상 대화에서 이렇게 말하는 경우가 많으니 알아두세요. 그밖에도 Tu as [뛰 아]는 줄여서 T'as [따]로 말하기도 합니다.

저기요! (이봐요!)
Hé!
에
■ 상대방을 불러세울 때 쓰는 가벼운 표현입니다.

저기요, 좀!
Hé oh!
에 오
■ Hé라고 해도 돌아보지 않는다면 약간 강조해서 이렇게 말해요. 또는 발을 밟혀 화가 났을 때 짜증내는 느낌으로 쓰는 말이죠.

너무 귀여워!
C'est trop mignon!
쎄 트호 미뇽
■ trop는 '너무, 지나치게'라는 뜻이지만, 구어에서 '아주' très 대신에 많이 사용합니다.

난 몰라!
J'sais pas, moi!
셰 빠, 므와

광고
pub (f)
쀠브
■ publicité [쀠블리씨떼]의 줄임말

지하철 역
station de métro (f)
스따씨옹 드 메트호

발
pied (m)
삐에

이봐요, 좀!
Hé oh!
에 오

플랫폼
quai (m)
께

은어

완전히 난장판이군!
Quel bordel!
껠 보흐델

어느 나라 말이나 특정 집단에서 암호처럼 쓰는 단어나 저속하고 난폭한 비속어가 있기 마련이죠. 직접 사용하진 않아야겠지만 일상생활에서는 정말 흔하게 쓰이기 때문에 알아두는 것이 좋습니다. 여기서는 사람들이 화가 났을 때 무심코 내뱉는 말들을 소개할게요. 거친 말이므로 적절한 상황이 아니라면 사용하는 건 금물!

[이런 말도 있어요]
여기서 말하는 단어는 쓸 일이 없는 게 좋겠지만 알아두세요. bordel [보흐델]은 원래 '매음굴'이라는 뜻입니다. 그밖에 Merde! [메흐드] '제기랄!'의 원래 뜻은 '똥'이고, chier [쉬예] '똥 누다'라는 동사에서 나온 chiant [쉬엉]은 '짜증나는, 형편없는' 등의 뜻을 가진 형용사입니다. 나쁜 말들을 모아 만든 putain de merde [쀠뗑 드 메흐드]도 있습니다. 강도 높은 욕이에요.

저쪽으로 꺼져!
Casse-toi!
까쓰-뜨와

닥쳐!
Ta gueule!
따 괼르
- gueule [괼르]는 원래 '동물의 아가리'라는 뜻이에요. 알아두기만 하세요!

빌어먹을!
Putain!
쀠뗑
- 원래는 '매춘부'라는 뜻인데요, 젊은 사람들이 사용하는 것을 많이 볼 수 있어요.

짜증나!
C'est chiant!
쎄 쉬엉
- 갑자기 지하철이 멈췄을 때, 아파트 엘리베이터가 멈췄을 때 이렇게 내뱉는 것을 종종 볼 수 있습니다.

아, 짜증나!
Ah, c'est chiant!
아, 쎄 쉬엉

엘리베이터
ascenseur (m)
아썽쐬흐

버튼
bouton (m)
부똥

평소대로.
Comme d'hab.
꼼 다브

comme d'habitude. [꼼 다비뛰드]를 줄여서 이렇게 말합니다. 자주 가는 카페의 웨이터에게 '늘 먹던 걸로 주세요'라는 뜻으로 이렇게 주문을 하지요. 프랑스어는 이렇게 줄여 쓰는 말이 많은데요, 특히 친한 친구들끼리 하는 대화에서는 줄임말을 많이 씁니다. '어때?' Ça va? [싸 바]라는 말에 '늘 똑같지'라는 뜻으로 Comme d'hab. [꼼 다브]라고 대답하지요.

[일상적인 속어 표현]

일상에서 많이 쓰는 속어 표현들을 알아볼까요? '차' voiture (f) [브와뛰흐] → bagnole (f) [바뇰르], '커피' café (m) [까페] → kawa (f) [까와], '남성' homme (m) [옴므] → mec (m) [멕(끄)], '신발' chaussures (f) [쇼쒸흐] → pompes (f) [뽕쁘]

식사 맛있게 하세요! (잘 먹겠습니다!)
Bon app!
보 납(쁘)
▎Bon appétit! [보 나뻬띠]의 줄임말입니다. 친한 사이에 쓰는 표현이에요.

즐거운 오후 보내!
Bon aprèm!
보 나프헴
▎Bon après-midi! [보 나프헤-미디]의 줄임말이에요.

생일 축하해!
Bon anniv!
보 나니브
▎Bon anniversaire [보 나니베흐쎄흐]를 편하게 쓰는 말입니다. 친한 사람에게 '축하해!'라고 말할 때는 Bon annif! [보 나니프]라고 쓰기도 하지요.

이따 봐!
À toute!
아 뚜뜨
▎À tout à l'heure! [아 뚜 딸 뢰흐]의 줄임말입니다.

응, 부탁해.
Oui, s'il te plaît.
위, 씰 뜨 쁠레

드시던 걸로?
Comme d'hab?
꼼 다브

베를랑

그 사람 좀 이상해.
Il est chelou.
일 레 슐루

chelou [슐루]는 '이상한'이라는 의미를 가진 단어 louche [루쒸]의 '베를랑'입니다. 베를랑은 verlan [베흘렁]이라고 쓰는데요, 단어의 음절을 거꾸로 말하는 은어의 일종입니다. '반대'라는 뜻의 l'envers [렁베흐]를 거꾸로 한 단어예요. 이 단어 역시 베를랑인 셈이죠. 요즘은 유행이 지나서 많이 쓰지는 않는다고 합니다.

[어떻게 쓰지?]
베를랑은 발음을 거꾸로 하는 것입니다. 철자를 뒤에서 앞으로 재배열하는 게 아니에요. 그래서 femme [팜므]는 meuf [뫼프]로 fou [푸]는 ouf [우프]처럼 철자를 거꾸로 쓰진 않습니다.

그 여자 봤어?
T'as vu cette meuf?
따 뷔 쎄뜨 뫼프
- meuf [뫼프]는 '여성, 아내' femme [팜므]의 베를랑입니다.

그 남자 짜증나네.
Il est relou.
일 레 흘루
- relou [흘루]는 '무겁다' lourd [루흐]의 베를랑이에요.

그 녀석 미쳤어.
Il est ouf.
일 레 우프
- ouf [우프]는 '미쳤다' fou [푸]의 베를랑이에요.

냅둬!
Laisse béton!
레쓰 베똥
- Laisse tomber [레쓰 똥베]의 베를랑입니다.

정체
bouchon(m)
부쏭

경적 (자동차)
klaxon(m)
끌락쏜

저 사람 이상해.
Il est ouf, lui.
일 레 우프, 뤼

상표

🔊 10-04

맥도널드 먹을래?
On mange au McDo?
옹 멍쥬 오 마그도

원래는 상품명이지만 일상생활에서 일반 명사처럼 사용되는 것이 있습니다. 예를 들면 '맥도널드'는 '막도'라고 줄여 말합니다. 프랑스 사람처럼 자연스럽게 말해 봅시다.

[택시가 벤츠]
프랑스에는 택시 중에도 벤츠가 많아요. 벤츠는 Mercedes [메흐쎄드쓰]라고 부르는데요, 한 프랑스 친구가 말하길 자신이 처음 탄 벤츠는 택시였다고 하더군요. 참고로 유명한 BMW는 BM [베엠(므)]라고 부릅니다.

그 사람 벤츠 가지고 있어.
Il a une Mercedes.
일 라 윈 메흐쎄데쓰
▪ '벤츠'라고 하면 통하지 않습니다.

티슈 있어?
T'as un Kleenex?
따 앙 끌리넥쓰
▪ '휴지'를 뜻하는 단어는 mouchoirs en papier [무쓔와흐 엉 빠삐에]예요. 하지만 대표적인 상품 클리넥스 이름으로 말합니다.

스카치테이프 좀 줘!
Passe-moi le Scotch!
빠쓰-므와 르 스꼬츄
▪ 원래는 ruban adhésif [휘벙 아데지프]죠. 스카치 사의 테이프가 아니더라도 '스카치 좀 줘'라고 하는 게 일반적입니다.

이거 밀폐 용기에 넣을 거야?
Tu le mets dans un tupperware?
뛸 르 메 덩 장 뛰뻬흐와흐
▪ '밀폐 용기'의 대표 브랜드 '타파웨어'를 씁니다. 이런 종류의 용기는 다 tupperware라고 불러요.

네가 원하면.
Si tu veux.
씨 뛰 브

맥도널드 먹을래?
On mange au McDo?
옹 멍쥬 오 마그도

햄버거
hamburger (m)
앙뷔흐괴흐

감자 튀김
frite (f)
프히뜨

콜라
coca (m)
꼬까

문자 용어

몰라.
Je C pas.
쥬 쎄 빠

'몰라'라는 뜻의 Je sais pas. [쥬 쎄 빠]를 짧게 줄여서 문자나 메시지에 쓰는 말이에요. 온라인 채팅이 일반화되면서 줄임말을 많이 쓰는 추세입니다. 젊은 사람들, 특히 고등학생들이 많이 사용하는데 어른들은 못마땅해 하기도 합니다. 대부분 소리 나는 대로 쓰는데요, 예를 들면 Ça va를 sava라고 쓴다거나 On est를 On et라고 쓰는 것입니다. 한국 역시 채팅 용어는 소리나는 대로 쓰는 경우가 많지요.

또 봐.
@+
아 쁠뤼쓰
■ À plus [아 쁠뤼쓰]를 이런 식으로 씁니다.

어디야?
T ou?
떼 우
■ T'es où? [떼 우]를 이렇게 쓸 때도 있습니다. où에서 u에 악썽을 붙이지 않는 것도 포인트죠.

좋아!
5pa!
쌩빠
■ 5(=cinq)를 [쌩(끄)]라고 읽으니까 Sympa [쌩빠]를 이렇게 쓰기도 합니다.

사랑해.
Je T'm.
쥬 뗌므
■ 발음이 같아서 이렇게 짧게 쓸 수 있어요.

Wi-Fi
Wifi
위피

SMS
sms(m)
에쓰엠에쓰

개선문
l'Arc de Triomphe(m)
라흐끄 드 트히옹프

개선문 옆에 있어.
Je suis à côté de l'Arc de Triomphe.
쥬 쒸 아 꼬떼 드 라흐끄 드 트히옹프

스마트폰
smartphone(m)
스마흐트폰느

의태어 10-05

간질간질
Guiliguili
길리길리

프랑스어의 의태어 몇 개를 소개합니다. 우리말의 '간질간질'에 해당하는 말이 Guiliguili [길리길리]예요. 프랑스 사람들은 '길리길리'라고 말만 해도 웃습니다. 우리도 '간질간질'이라고 하면 실제로 간지럽히는 게 아닌데도 괜히 간지러운 느낌이 드는 것과 비슷하지요.

[블라블라블라]
싸움을 할 때 장황한 이론으로 억지를 부리는 상대방에게 어깨를 으쓱해 보이며 Blablabla... [블라블라블라]하고 말하면, 나름대로 열심히 말하고 있던 사람을 무척 화나게 하는 표현이에요. 힘 안 들이고 형세를 역전 시킬 수 있는 싸움의 기술이라고 할 수 있지요.

똑똑
Toc toc
똑(끄) 똑(끄)
▎문을 노크하는 소리입니다. 소꿉장난하는 아이들이 자주 쓰는 말이에요.

콸콸, 꿀꺽꿀꺽
Glouglou
글루글루
▎물이나 술을 따르거나, 흘리거나, 마실 때 나는 소리를 이렇게 말해요.

딩동
Ding dong
딩(그) 동(그)
▎종 울리는 소리는 어디나 비슷한가 봅니다. '따르릉'은 dring [드힝(그)].

어쩌고저쩌고, 주절주절
Blabla
블라블라
▎수다스러움을 표현하는 의태어입니다. 의미 없는 장황한 말을 늘어놓으면 '블라블라'하고 놀려요.

딩동!
Ding dong!
딩(그)동(그)

벨
sonnette (f)
쏘네뜨

검은 드레스
robe noire (f)
호브 느와흐

핸드백
sac à main (m)
싹 까 맹

INFORMATION

동물 소리

짹짹(새소리)
Cui-cui
꿔-꿔

동물의 소리도 다르게 표현하는데요. 우리말로 '짹짹, 지지배배'라고 표현하는 새 소리는 프랑스어로 '큐이큐이'입니다. 막상 프랑스어를 알고 나면 그렇게 들리는 것같이 느껴집니다.

[언어의 묘미]
아차하는 순간에 나오는 의태어나 감탄사를 들으면 몸에 밴 모국어가 무엇인지 알 수 있지요. 부모의 국적과 상관없이 프랑스에서 나고 자란 아이들은 개 짖는 소리를 Ouaf! Ouaf! [와와]라고 하고, '아얏' 대신에 Aïe! [아이]를 더 자연스럽게 씁니다.

멍멍!
Ouaf! Ouaf!
와프 와프
▎Ouaf ouaf! [와프 와프]로 표현하기도 합니다.

야옹!
Miaou! Miaou!
먀우 먀우
▎'먀우' 하고 고양이 흉내를 내며 고양이한테 말을 겁니다.

히힝!
Hi-han!
이엉
▎당나귀 울음소리. 프랑스에서는 일상에서 당나귀를 많이 이용했다고 합니다.

꽥꽥
Coin-coin
끄웽-끄웽
▎오리 울음소리를 뜻해요.

짹짹
Cui-cui
꿔-꿔

멍멍!
Ouaf! Ouaf!
와프 와프

새
oiseau(m)
오와조

당나귀
âne(m)
안느

오리
canard(m)
까나흐

야옹
Miaou! Miaou!
먀우 먀우

개
chien(m)
쉬엥

고양이
chat(m)
샤

꽥꽥
Coin-coin
끄웽-끄웽

유아어(아이들에게 하는 말)

10-06

네 인형 잊지 마!
N'oublie pas ton doudou!
누블리 빠 똥 두두

Doudou [두두]는 어린아이들이 늘 가지고 다니며 애착을 갖는 봉제인형이나 헝겊 조각을 말해요. 갖고 있으면 심리적으로 안정되기 때문에 손에서 놓지 않아요. 이런 단어를 유아어라고 하는데, 발음이 쉽도록 간단하거나 반복되는 소리가 많아요. 어른들도 일상에서 종종 사용합니다.

[모든 어린아이들이 재밌어 하는 말!]
caca [까까]는 '똥'이라는 뜻의 유아어입니다. 우리말에서 '까까'는 과자를 뜻하는 유아어죠. 언어에 상관없이 유아어는 공통점이 있습니다.

코 자!
Fais dodo!
페 도도
- dodo [도도]는 '잠'이라는 뜻으로 '자다' dormir [도흐미흐]에서 왔어요.

아저씨한테 '안녕하세요' 해야지!
Dis bonjour à tonton!
디 봉쥬흐 아 똥똥
- tonton [똥똥]은 '아저씨', tata [따따]는 '아줌마'를 뜻해요.

아야했어?
Tu t'es fait bobo?
뛰 떼 페 보보
- 아이가 넘어져서 울거나 할 때 이렇게 말하며 위로합니다.

쉬 해!
Fais pipi!
페 삐삐
- 외출하기 전에 자주 쓰는 말이지요.

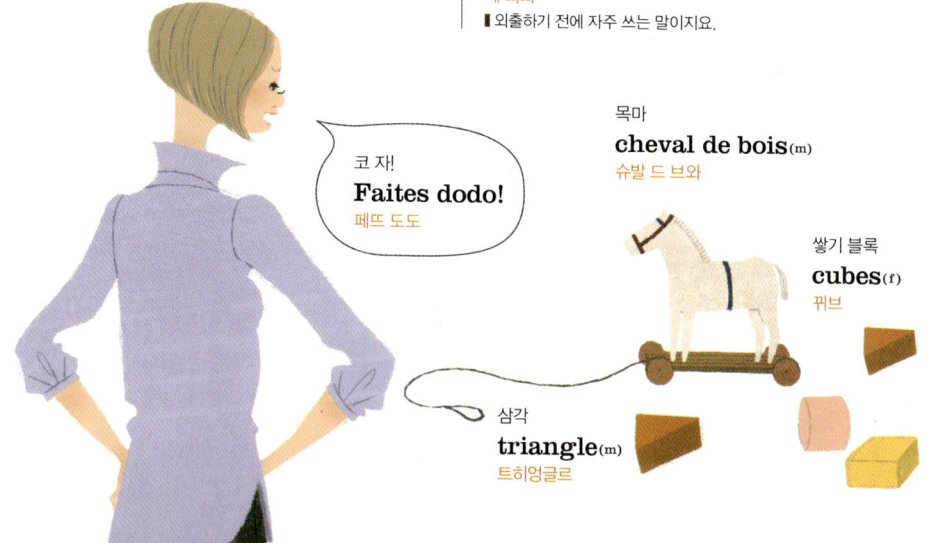

코 자!
Faites dodo!
페뜨 도도

목마
cheval de bois(m)
슈발 드 브와

쌓기 블록
cubes(f)
뀌브

삼각
triangle(m)
트히엉글르

| 유아어(아이들이 하는 말) |

내가 할래!
C'est moi qui fais!
쎄 므와 끼 페

이 표현은 두 살짜리 아이가 자립심이 생겨 뭐든 스스로 하고 싶어 하는 시기에 자주 쓰는 말이에요. 또, '봐봐, 봐봐!' 하고 봐줄 때까지 끈질기게 반복하기도 하지요. 프랑스 아이와 놀아주어야 하는 상황이 되었을 때 아이들의 말을 이해하면 도움이 됩니다.

[아이와의 커뮤니케이션]
아이들의 표현은 어른들과 또 달라 익숙해지지 않으면 이해하기 어렵습니다. 프랑스 꼬마 아이가 하는 말을 못 알아들을 때가 많지요. 그리고 반대로 아이에게 말하는 것도 어른에게 하는 것과 다르기 때문에 연습이 필요하답니다.

그거 내 꺼야!
C'est à moi, ça!
쎄 아 므와, 싸
▎뭐든지 '내 꺼야!' 하고 주장하는 시기에 쓰는 말이죠. 원래는 [쎄 따 므와 싸]로 리에종(연음)을 해야 하지만, 어린아이들은 리에종(연음)하지 않는 경우가 많습니다.

뛰자!
On saute!
옹 쏘뜨
▎'춤 추자!'는 On danse! [옹 덩쓰]라고 합니다.

나 좀 봐!
Regarde-moi!
흐갸흐드-므와

엄마한테 갈래!
Je veux maman!
쥬 브 마멍
▎직역은 '엄마를 원해, 엄마가 필요해'입니다. 혼자서 잘 놀다가도 이렇게 말하며 엄마를 찾곤 하지요.

내가 할 거야!
C'est moi qui fais!
쎄 므와 끼 페

그거 내 꺼야!
C'est à moi ça!
쎄 아 므와 싸

다툼, 싸움
dispute(f)
디스쀠뜨

정방형
carré(m)
까헤

원
rond(m)
홍

예절 교육 🔊 10-07

뭐라고 해야 돼?
Qu'est-ce qu'on dit?
께스 꽁 디

프랑스 사람들은 아이가 어릴 때부터 예절 교육을 합니다. 대표적으로 '…하고 싶어, …해줘'라고 부탁할 때는 뒤에 s'il vous plaît [씰 부 쁠레]나 s'il te plaît [씰 뜨 쁠레]를 붙이라고 가르칩니다. 이렇게 하지 않으면 아빠나 엄마는 안 들리는 척하거나, 부탁을 들어주지 않기도 하고, '그 뒤에 뭐라고 해야 하지?'라고 알려줍니다. '고맙습니다'도 꼭 하도록 가르치죠.

[어린 파리지앵]
예절 교육을 잘 받은 아이들이 '사랑하는 아빠, 부탁이에요!' S'il te plaît, papa chéri! [씰 뜨 쁠레, 빠빠 쉐히]라고 말하면 귀엽고 예뻐 보입니다.

줄리, 고마워.
Merci, Julie.
멕씨, 쥘리
■ 프랑스 사람들은 '고맙습니다, 안녕하세요' 뒤에 이름을 붙이라고, 어렸을 때부터 배웁니다.

나는 찬성하지 않아! (안 돼!)
Je ne suis pas d'accord!
쥬 느 쒸 빠 다꼬흐
■ '안 돼!'라는 말보다 '나는 찬성하지 않아!'라고 말합니다.

똑바로 앉아요!
Assieds-toi correctement!
아씨에-뚜와 꼬헥뜨멍
■ 어린 아이들이라도 식사 매너에 엄격하고 바닥에 떨어뜨려도 혼납니다.

침대로 가세요!
Au lit!
올 리
■ 프랑스에서는 아이가 어릴 때부터 혼자 자는 습관을 갖도록 해요.

이제 곧 시작돼!
Ça commence!
싸 꼬멍쓰

똑바로 앉아요!
Asseyez-vous correctement!
아쎄이에-부 꼬헥뜨멍

인형극
marionnette(f)
마히오네뜨

가족
famille(f)
파미으

손자
petit-fils(m)
쁘띠-피쓰

손주들
petits-enfants(m)
쁘띠-장펑

어른들의 유아어

구석으로 가 있어!
Va au coin!
바 오 꼬웽

프랑스에서는 말을 안 듣거나 나쁜 행동을 하면 이렇게 말하며 방 구석으로 보냅니다. 그래서 아이들은 이런 말을 많이 듣고 자라죠. 어른들의 말이나 말투를 흉내내며 말을 배우는 세 살 정도의 아이들은 화가 나면 거꾸로 어른에게 이렇게 외치기도 해요.

그건 친절하지 않아!
C'est pas gentil, ça!
쎄 빠 졍띠, 싸
▍아이들은 친절해야 한다고 배우기 때문에 좋지 않은 것을 모두 '친절하지 않아!'라고 얘기하는 경우가 많습니다.

싫어!
Je ne suis pas content(e)!
쥬 느 쒸 빠 꽁떵(뜨)

내가 가버릴 거야.
C'est moi qui m'en vais.
쎄 므와 끼 멍 베

그래도 뽀뽀해 줘!
Un bisou, quand même!
앙 비주, 껑 멤므
▍화를 냈다가도 이렇게 말하면서 돌아와 아무일 없던 듯 어리광부립니다.

그래도 뽀뽀해 줘!
Un bisou quand même!
앙 비주 껑 멤므

막
rideau (m)
히도

무대
scène (f)
쎈느

[파리의 인형극]
파리의 아이들은 예나 지금이나 인형극을 좋아합니다. 프랑스에서는 인형극이 매우 대중적이고 인기가 많아요. 인형극 내용은 대부분 공주나 기사의 이야기입니다. 할머니, 할아버지가 어린 손주들을 데리고 가는 모습도 자주 볼 수 있어요.

손녀
petite-fille (f)
쁘띠뜨-피으

함께 보면 도움이 되는 **단어 리스트**

본문에 나오는 단어를 한눈에 볼 수 있도록 모았습니다. 예습으로 미리 공부해두거나 본 페이지와 함께 보면 단어를 쉽게 익힐 수 있습니다.

p.019　**bien** 잘
　　　　comment 어떻게, 어떤 방법으로
　　　　neuf 새로운

p.020　**très** 매우, 아주
　　　　pas ~가 아니다
　　　　qu'est-ce que 무엇

p.023　**demain (m)** 내일
　　　　bientôt 곧

p.024　**tout de suite** 즉시, 바로 다음에
　　　　prochain 다음의
　　　　plus tard 나중에, 후에

p.026　**après-midi** 오후
　　　　soirée (f) 저녁, 저녁시간
　　　　week-end (m) 주말
　　　　vacances (f.pl.) 휴가

p.027　**quand même** 그렇지만, 그래도, 어쨌든
　　　　vraiment 정말, 매우
　　　　gentil 친절한
　　　　sais (savoir) 알다
　　　　remercier 감사하다

p.028　**rien** 아무것도

p.030　**arrête (arrêter)** 중단하다
　　　　vrai 사실의, 진실한, 진정한

p.031　**prie (prier)** 간청하다
　　　　demander 부탁하다
　　　　pourriez (pouvoir) …할 수 있다

p.032　**sympa** 호감을 주는, 기분 좋은, 마음에 드는
　　　　génial 뛰어난, 훌륭한, 천재적인
　　　　super 멋진, 훌륭한
　　　　parfait 완벽한

p.033　**mal** 나쁜
　　　　du tout 전혀 …이 아니다
　　　　robe 원피스
　　　　magnifique 굉장한, 훌륭한

p.034　**trouvé (trouver)** 발견하다

p.035　**plaisantes (plaisanter)** 농담하다
　　　　rigoles (rigoler) 농담하다, 장난치다
　　　　crois (croire) 믿다
　　　　incroyable 믿을 수 없는

p.036　**comprends (comprendre)** 이해하다
　　　　ai besoin de (avoir besoin de) …가 필요하다
　　　　ai envie de (avoir envie de) …를 하고 싶다
　　　　intéresse (intéresser) 관심을 끌다

p.037　**énerve (énerver)** 신경질 나게 하다, 짜증 나게 하다

p.038　**assez** 충분히
　　　　fâché 불쾌한, 화난
　　　　devenir …이 되다
　　　　fou (folle) 미친

p.039　**tout à fait** 완전히, 매우, 대단히

p.040　**entendu** 이해된
　　　　peux (pouvoir) …할 수 있다
　　　　dire 말하다

p.041
dommage (m) 유감스러운 일
tant pis 할 수 없지
pour …에게, …를 위해

p.042
excusez (excuser) 용서하다
désolé(e) 애석한, 유감스러운
pardon (m) 용서
gêne (gêner) 불편하게 하다, 신경쓰이게 하다

p.043
répéter 반복하다, 되풀이하다

p.044
marié(e) 결혼한, 기혼의
combien 얼마나
gagnez (gagner) 벌다
quel 어떤, 어느
âge (m) 나이
communiste 공산주의자
votre 당신의
groupe (m) 그룹
sanguine 혈액의

p.046
café allongé (m) 묽게 탄 (미국식) 커피
coca 콜라
glacé 언, 몹시 찬, 차가운
menthe (f) 민트
eau (f) 물
toilettes (f.pl.) 화장실

p.047
où 어디에
metro (m) 지하철
supermarché (m) 슈퍼마켓

p.048
poste (f) 우체국
excusez (excuser) 용서하다
savez (savoir) 알다
mairie (f) 시청, 구청
aller 가다
pied (m) 발

p.049
par …로 (위치, 방향)
alors 그럼
tourner 돌다
gauche (f) 왼쪽
là bas 그곳에서
et puis 그리고
tout de suite 즉시, 바로 다음에

droite (f) 오른쪽
continuez (continuer) 계속하다
tout droit 똑바로
avec plaisir 기꺼이, 즐겁게

p.050
adresse (f) 주소
rue (f) 거리
numéro (m) 번호
trente-deux 32
descends (descendre) 내리다
ici 여기

p.051
carnet (m) 회수권, 묶음
ticket (m) 표
passer 지나가다, 통과하다

p.052
sortie (f) 출구
cherche (chercher) 찾다
ligne (f) 선
une un의 여성형 1, 하나
station (f) 역
perdu (perdre) 잃다, 분실하다

p.053
porte (f) 문
poussez (pousser) 밀다
tenez (tenir) 잡다, 쥐다
vous asseoir (s'asseoir) 앉다

p.054
m'asseoir (s'asseoir) 앉다

p.055
pour …을 위한, …행의
aller-retour 왕복
juste 만
simple 간단한, 단순한
moins de …이하, …이내
composter 개찰하다
billet (m) 표

p.056
Corée (f) 한국
sud (m) 남쪽, 남
timbre (m) 우표
venu (venir) 오다
colis (m) 소포
attendez (attendre) 기다리다
long 긴

197

p.057
trop 너무
court 짧은
désépaissir (머리카락을) 성기게 하다
un peu 조금
pointe (f) 끝, 끝부분
complètement 완전히
changer 바꾸다

p.058
un peu 조금
plus 더
moins 덜
fort 강하게
mal (m) 아픔
sens (sentir) 느끼다
mieux 더 잘, 더 나은

p.059
semaine (f) 주
magazine (m) 잡지
s'appelle (s'appeler) (…라고) 불리다, 이름이 …이다
quand 언제
donner 주다
sac (m) 가방, 봉지

p.062
habite (habiter) 살다, 거주하다
quatrième 제4의, 네번째의
étage (m) 층
immeuble (m) 건물
ancien 오래전부터 있는, 오래된
code (m) 암호, 비밀번호

p.063
cuisine (cuisine) 요리하다
fais (faire) 하다
ménage (m) 집안 손질, 집안 청소
lessive (f) 세탁
femme (f) 여자, 여성, 아내

p.064
dans …에서
vie (f) 삶
pub (f) publicité 광고, 광고업계
avocat 변호사
chômage (m) 휴업, 실업
lettres (f.pl.) 문학, 인문학, 문과
sciences (f.pl.) 이과

p.065
un 1
deux 2
trois 3
quatre 4
cinq 5
six 6
sept 7
huit 8
neuf 9
dix 10
compte (compter) 세다
jusqu'à …까지
soleil (m) 태양, 해

p.066
trois 3
heure (f) 시간, 시

p.067
demie (f) 절반, 30분
quart (m) 15분
midi (m) 정오
minuit (m) 자정

p.068
jour (m) 하루, 날, 날짜, 요일
lundi 월요일
mai 5월
mardi 화요일

p.069
beau 아름다운, (날씨가) 좋은, 맑게 갠
froid (m) 추위
chaud (m) 더위

p.070
chien (m) 개
sale 고약한, 지독한
temps (m) 날씨
caille (cailler) 추위하다
déprime (déprimer) 의기소침하게 하다, 우울하게 하다
chaleur (f) 더위, 열기

p.071
allô 여보세요
parler 말하다, 이야기하다
dérange (déranger) 방해하다
entends (entendre) 듣다, 들리다
mal 나쁘게, 시원치 않게
rappelle (rappeler) 다시 전화하다

p.072
quittez (quitter) 떠나다
passe (passer) 건네주다, 연결시켜주다

p.073
fièvre (f) 열, 발열
tousse (tousser) 기침하다
gratte (gratter) 가렵게 하다
mal (m) 고통, 아픔
tête (f) 머리
coeur (m) 심장

p.074
fatigué(e) 피곤한
faible 약한, 힘이 없는, 무력한
crevé(e) 기진맥진한

p.075
suis en forme (être en forme) 건강이 좋다
fort(e) 강한, 튼튼한
mine (f) 안색

p.076
fête (f) 축제일, 명절
joyeux 즐거운, 기쁜
Noël (m) 크리스마스
année (f) 년, 해
anniversaire (m) 생일, 기념일

p.078
euro (m) 유로
payer 지불하다
carte (f) 카드
caisse (f) 계산대

p.079
fait (faire) (계산상) …가 되다
quatorze 14
monnaie (f) 돈, 잔돈
centime (m) 상팀
réglez (régler) 치르다, 지불하다

p.080
regarde (regarder) 보다
seulement 단지, 오직
essayer 시도하다, 입어(신어)보다
cabine d'essayage 탈의실, 피팅룸
miroir (m) 거울
lave (laver) 세탁하다, 씻다

p.081
taille (f) 크기, 사이즈
au-dessus 그 이상에
en dessous 아래쪽에, 밑에

couleur (f) 색깔
noir (m) 검정

p.082
trop 너무
petit 작은
aime (aimer) 사랑하다, 좋아하다

p.083
réfléchir 숙고하다, 곰곰이 생각하다
prends (prendre) 택하다, (물건을) 사다
reviendrai (revenir) 다시 오다
mettre 놓다, 두다
de côté 옆으로, 따로 떼어놓은, 별도로

p.084
faire 만들다, 하다
paquet-cadeau (m) 선물용 포장
toucher 만지다, 손을 대다
cadeau (m) 선물
mère (f) 어머니
exactement 정확하게

p.085
essayer 입어(신어) 보다
collection (f) 콜렉션
saison (f) 계절, 시기, 시즌
argent (m) 은
beau 아름다운, 예쁜

p.086
même 같은 것
mais 그러나, 하지만
cuir (m) 가죽
connais (connaître) 알다
pointure (f) (신발, 장갑, 모자 따위의) 사이즈

p.087
bouquet (m) 꽃다발, 다발, 묶음
avec …으로
ça 이것, 그것, 저것
tenir 유지하다, 보존하다
longtemps 오래, 오랫동안
fraîche (frais) 싱싱한, 신선한
fleur (f) 꽃
beaucoup 많이

p.088
produit (m) 제품
naturel 자연의, 천연의
se trouve (se trouver) 있다
hypoallergénique 저알레르기성의
blanchissant 희어지는, 희게 하는

199

p.089
rayon (m) 매장, 코너
livre (m) 책
cuisine (f) 요리
conseiller 권하다
quelque chose (f) 어떤 것, 무엇인가
écouter 듣다

p.090
aider 돕다
prix (m) 가격
pèse (peser) (무게를) 달다, 계량하다

p.091
marche (marcher) 작동하다
acheté (acheter) 사다
hier 어제
facture (f) 청구서, 계산서, 영수증
rembourser 환불하다, 환불해주다

p.092
pour …을 위해, …에게
cher 값비싼
pourquoi 왜, 어째서

p.093
faire un prix 값을 깎아 주다, 할인해 주다

p.096
réserver 예약하다
table (f) 탁자, 테이블
personne (f) 사람
soir (m) 저녁, 밤
complet 꽉 찬, 만원인

p.097
terrasse (f) 테라스
intérieur (m) 안, 내부, 실내
place (f) 자리
il y a …가 있다
courant d'air (m) 외풍

p.098
voir 보다
carte (f) 차림표, 메뉴
spécialité (f) 특제품
maison (f) 집, 상점, 가게
plat (m) 요리
dame (f) 부인, 여성
pris (prendre) 먹다, 들다, 복용하다

p.099
entrée (f) 전채
plateau (m) (큰) 쟁반
fromage (m) 치즈

boisson (f) 음료
compris 포함된
menu (m) 정식, 세트

p.100
prendre 택하다, 취하다, 먹다
commander 주문하다
déjà 이미, 벌써
même 같은

p.101
encore 아직, 다시
cuire 익히다, 삶다, 굽다
cuit 익힌, 구운
froid 차가운

p.102
pain (m) 빵
sel (m) 소금
poivre (m) 후추
moutarde (f) 겨자, 머스타드
carafe (f) 물병

p.103
conseillez (conseiller) 권하다
verre (m) 유리잔, 글라스
rouge (m) 적포도주, 레드 와인
pichet (m) 피처

p.104
terminé (terminer) 끝마치다

p.105
juste …만
dessert (m) 디저트
en même temps 동시에
cuillère (f) 숟가락, 스푼

p.106
payer 지불하다
carte (f) (은행, 전화 따위의) 카드
addition (f) 계산서
séparément 따로 따로, 분리해서
pense (penser) 생각하다
erreur (f) 잘못, 오류

p.107
baguette (f) 바게트
demi (절)반의

p.108
tout 전부
ne… plus 더 이상 … 않다
chouquette (f) 슈켓

p.109
quoi 무엇
fraise (f) 딸기
garder 보관하다, 보존하다
au frais 서늘한 곳에

p.110
chaque 각각
assortiment (m) 여러 가지 물건의 모음, (한) 벌, (한) 세트
goûter 맛보다

p.111
gramme (m) 그램
cerise (f) 체리
kilo (m) 킬로그램
plus 더, 더 많이

p.112
mange (manger) 먹다
trouve (trouver) (라고) 생각하다
mûr 익은, 여문
dur 단단한
préfère (préférer) 더 좋아하다, 선호하다
possible 가능한

p.113
viande (f) 고기
haché(e) 잘게 썬, 다진
entrecôte (f) 등심
découper 자르다
morceau (m) 조각, 한 조각

p.114
cru 익히지 않은, 날것의
filet (m) (뼈를 발라낸) 생선살
se préparer 준비되다, 조리되다
préparer 준비하다, 조리하다

p.116
si 만일
allait (aller) 가다
film (m) 영화
ciné cinema (m) 영화관
idée (f) 생각, 아이디어
plutôt 오히려, 차라리
belle (f) 미인, 미녀
bête (f) 짐승

p.117
VO version originale 오리지널 버전
sucré 단, 달콤한
quelqu'un 어떤 사람, 누군가

p.118
plu (plaire) …의 마음에 들다
intéressant 흥미로운, 관심을 끄는

p.119
nul 형편없는
mal 잘못
réalisé (réaliser) 감독하다, 연출하다
ennuyeux 지루한
terrible [구어]

p.120
filmer 영화로 찍다, 촬영하다
fermez (fermer) 닫다, 문닫다
gratuit 무료의, 공짜의

p.121
il faut …해야만 한다, …할 필요가 있다
rater 놓치다
expo (exposition) (f) 전시, 전시회
entrée (f) 입장
brochure (f) 팸플릿
coréen (m) 한국어
anglais (m) 영어

p.122
s'habiller 옷을 입다, 옷차림을 하다
concert (m) 연주회, 콘서트
il reste … …이 남아 있다
lac (m) 호수
cygnet (m) 백조

p.123
hôtel 호텔
centre ville 도심
baignoire (f) 욕조
endroit (m) 장소, 곳
dangereux 위험한
quartier 구역, 지구

p.124
réservation (f) 예약
chambre (f) 방
petit déjeuner 아침 식사

p.125
connaissez (connaître) 알다
par ici 이 근처에

p.126
problème (m) 문제, 문제점

p.127
garder 지키다, 보관하다
bagages (m.pl.) 짐, 가방
reçu (m) 영수증
oublié (oublier) 잊어버리다, 잊다, 빠뜨리다

p.128
liste 표, 목록, 리스트
tarif 가격, 요금
voiture 자동차
catégorie 범주, 카테고리
assurance 보험
limite 제한
kilomètrage 주행 킬로미터 수

p.129
route (f) 도로, 여정
clignotant (m) 방향지시등, 깜빡등
mets (mettre) 작동시키다, 켜다
warning (m) (자동차의) 비상등
grillé (griller) un feu rouge 빨간 신호등을 (무시하고) 지나가다

p.132
ami(e) 친구, 동료
collègue 동료
mari (m) 남편

p.133
enchanté(e) 매우 기쁜, 처음 뵙겠습니다
parlé de (parler de) …에 대해 이야기하다
espère (espérer) 바라다, 희망하다

p.134
s'appelle (s'appeler) 서로 전화하다
déjà 도대체, 그런데
laisse (laisser) 남기다

p.135
sort (sortir) 나가다, 외출하다
prends (prendre) 먹다, 마시다
santé 건강
autre 또 다른 것
chose (f) 것

p.136
resto (m) 식당, 레스토랑
déjeune (déjeuner) 점심을 먹다
ensemble 함께, 같이
libre 자유로운, 한가한
invite (inviter) 초대하다
dîner (m) 저녁

p.138
viens (venir) 오다
match (m) 경기
bleu (m) 푸른색
tire (tirer) 쏘다, 킥을 하다

p.139
dîner 저녁을 먹다
maison (f) 집
apporte (apporter) 가져오다
t'inquiète (s'inquiéter) 걱정하다
amènes (amener) 공수하다, 가져오다

p.140
comme …처럼, …인 듯이
chez …(의) 집에(서)
entre (entrer) 들어가다, 들어오다
donne (donner) 주다
manteau (m) 외투
boire 마시다

p.141
visiter 방문하다, 관람하다

p.142
vin (m) 와인
sent (sentir) 느끼다, 냄새를 맡다

p.143
délicieux 맛있는
difficile 어려운

p.144
tarder 늦다, 지체하다
sympathique 호감이 가는, 마음에 드는, 기분 좋은
venu (venir) 오다

p.145
surprise (f) 놀라움, (뜻밖의) 선물
exactement 정확하게

p.146
nouveau (m) 새로운 것, 변화된 것
nouvelle (f) 소식

p.147
te souviens (se souvenir) 기억하다
dit (dire) 말하다, 의미하다
avec …와 (함께)

P.148
attends (attendre) 기다리다
aider 돕다
accompagne (accompagner) 동행하다
coup de main 도움, 조력
patte (동물의) 발, 다리

p.152
avis (m) 생각, 의견
personnellement 개인적으로

p.153
laisse (laisser) …이 …하게 내버려두다
finir 끝내다, 마치다

p.154	sûr 확실한, 분명한		lourd 무거운, 부담스러운, 벅찬
	jamais 절대, 결코 …않다		bizarre 이상한
p.155	arrive (arriver) 이르다, 도달하다	p.170	brun(e) 갈색의
	facile 쉬운		barbu 수염이 있는
p.157	voilà 이상과 같이, …라는 이야기입니다		blond(e) 금발의
	il est tard 늦었다		âgé(e) 나이가 든, 나이가 많은
			rond(e) 포동포동한, 통통한
p.159	faute (f) 잘못, 책임, 탓	p.171	timide 소심한, 내성적인
	exprès 일부러, 고의로		marrant(e) 웃기는, 재미있는, 유쾌한
	ai la flemme (avoir la flemme) …할 의욕이 없다	p.173	adore (adorer) 열렬히 사랑하다, 매우 좋아하다
p.160	dépêche-toi (se dépêcher) 서두르다		yeux (m.pl.) 눈 (단수 oeil)
	pousse-toi (se pousser) 물러나다, 비키다		doigt (m) 손가락
			lèvre (f) 입술
			cheveux (m.pl.) 머리털, 머리카락
p.161	merde (f) 똥		
	embêté(e) 난처한	p.175	copain (m) 친구, 애인
	déprimé(e) 의기소침한, 우울한		en ce moment 지금
p.162	as raison (avoir raison) 옳다	p.176	manques (manquer) 없다, 몹시 그립다, 보고싶다, 간절하다
	pareil 똑같이, 비슷하게		rentrer 집에 돌아가다
p.163	courage (m) 용기		folle (fou) 미친, 열광한
	presque 거의		dingue 미친
p.164	calme-toi (se calmer) 진정하다	p.177	belle (beau) 아름다운, 예쁜
	relaxe-toi (se relaxer) 긴장 풀다		aujourd'hui 오늘
	grave 중대한, 심각한		câlin (m) 포옹, 애무
			amour (m) 사랑, 사랑하는 사람
p.166	silence (f) 고요, 침묵		monde (m) 세계, 세상
	casses (casser) 깨뜨리다, 망가뜨리다		
	oreille (f) 귀, 청력	p.178	chéri(e) 사랑하는 사람
	bébé (m) 아기		puce (f) 벼룩, 꼬마
	dort (dormir) 자다		princesse (f) 공주
			ange (m) 천사
p.167	tranquille 고요한, 평온한		lapin (m) 토끼
	paix (f) 평화, 평온		
	suffit (suffire) 충분하다	p.179	aime (aimer) 사랑하다, 좋아하다
	maintenant 이제		plais (plaire) …의 마음에 들다
			amoureux(se) (에게) 반한, (을) 사랑하는
p.168	égal 같은, 중요하지 않은		
		p.182	joil 예쁜, 귀여운
p.169	dégoûtant 몹시 불쾌한, 역겨운		content 만족한, 만족스러운
	méchant 악독한, 심술궂은		

p.184 **mignon** 귀여운

p.185 **chiant** 귀찮은, 짜증나는

p.192 **oublie (oublier)** 잊다, 잊어버리다
doudou (m) (유아어) 봉제인형
dodo (m) (유아어) 잠
tonton (m) (유아어) 삼촌, 아저씨
bobo (m) (유아어) 아픔
pipi (m) (유아어) 오줌, 쉬

p.193 **saute (sauter)** 뛰어오르다, 펄쩍 뛰다

p.194 **correctement** 단정하게, 예의바르게, 정확하게
lit (m) 침대